Novos aspectos na et

Andrii Iovitsa
Borys Bezrodnyi

Novos aspectos na etiopatogénese da apendicite aguda

ScienciaScripts

This book is a translation from the original published under ISBN 978-3-659-86049-2.

Publisher:
Sciencia Scripts
is a trademark of
Dodo Books Indian Ocean Ltd. and OmniScriptum S.R.L publishing group

120 High Road, East Finchley, London, N2 9ED, United Kingdom
Str. Armeneasca 28/1, office 1, Chisinau MD-2012, Republic of Moldova, Europe

ISBN: 978-620-8-32305-9

ÍNDICE

Quero expressar a minha mais profunda gratidão ao meu supervisor, professor e mentor, **Doutor em Ciências Médicas, Professor Boris Bezrodnyi.** Ele enriquece e aprofunda constantemente os meus conhecimentos neste domínio.

E um agradecimento especial à **minha irmã mais nova, Tanya**, a principal crítica e ouvinte - sempre atenta ao meu trabalho, e também muito obrigada **aos nossos pais e amigos**, que estiveram ao nosso lado e nos apoiaram nos nossos trabalhos.

Gostaríamos de registar, em especial, o nosso apreço, a nossa gratidão pela paciência e compreensão de **Elena Oksenchuk** pela sua tradução da monografia para inglês.

E um agradecimento especial a **Pavel Tytenko** pelo seu apoio nos momentos difíceis, pela sua compreensão e apoio amigável, pela nossa caça cordial comum que faz bater o meu coração, cheio de emoção de alegria e esperança.

Gostaríamos também de agradecer a todos os leitores ou sonhadores que se apropriam do livro e o consideram como um primeiro passo no seu caminho para o sucesso.

Desejamos a todos boa sorte, saúde e prosperidade.

Atenciosamente   **Andrei IOVITSA**

                                                                        Boris BEZRODNY

A tradução da monografia do ucraniano para o inglês foi efectuada por
Elena Oksenchuk Diploma KB 25957773

LISTA DE ABREVIATURAS

A – appendix

AA – acute appendicitis

AC – antimicrobial chemicals

AO – abdominal organs

AP – antibiotic prophylaxis

ASD – antibiotic-associated diarrhea

AT – antibiotic therapy

CFU – colony forming units

CPM – conditionally pathogenic microflora

DT – digestive tract

ICD – International Classification of Diseases

IIS – Irritable Inrastine Syndrome

MB – meat-broth

US – ultrasonography

VSA - vitelline-salt agar

WHO – World Health Organization

INTRODUÇÃO

Não há dúvida da importância da microflora condicionalmente patogénica na etiologia da apendicite aguda. De acordo com a teoria de Ashoff L. (1906), a inflamação do apêndice é o desenvolvimento de um processo infecioso-inflamatório nos folículos linfáticos, que se desenvolve como resultado da penetração de microrganismos patogénicos na submucosa do apêndice. Este processo é possível em caso de violação da função de barreira da mucosa do apêndice e de aumento da virulência da microflora condicionalmente patogénica.

A microflora condicionalmente patogénica, que provoca o desenvolvimento de um processo destrutivo no apêndice, é representada pela microflora aeróbica e anaeróbica. Partindo deste pressuposto, conclui-se que, após Iovitsa A.V. (2010), Iovitsa A.V., Bezrodnyi B.G., Martynovich L.D. (2010), Bezrodnyi B.G., Iovitsa A.V., Martynovich L.D. et. al. (2011), Iovitsa A.V. (2012), Bezrodnyi B.G., Iovitsa A.V., Martynovich L.D. et. al. (2012), Iovitsa A.V. (2013), Iovitsa A.V. (2015), que a colite crónica e a disbiose intestinal podem ser a causa e o pano de fundo, onde o processo inflamatório e destrutivo se desenvolve no apêndice.

Ao mesmo tempo, a ampla aplicação de antimicrobianos no tratamento de pacientes com apendicite promove mais distúrbios na microbiota intestinal e a progressão de doenças inflamatórias crónicas do trato gastrointestinal, após De La Cochetiere M.F., Durand T. et al. (2008), Dethlefsen L., Huse S., Sogin M.L., Relman D.A. (2008), Croswell A., Amir E., Teggatz P. et al. (2009), Kaminskiy M.N. (2012).

E apesar de todos os esforços, a frequência de incidências de complicações pós-operatórias em pacientes com formas destrutivas de apendicite aguda permanece inalterada 9,9-21%, após Pronin V.A., Boyko V.V. (2007), Nekrasov A.Y. (2009).

Na literatura atual, não foram encontradas provas do impacto negativo da disbiose do cólon no desenvolvimento de apendicite aguda e na passagem do período pós-operatório, bem como na recuperação da função de evacuação motora no período pós-operatório.

Por conseguinte, na literatura analisada encontrámos uma quantidade considerável de material que abrange a aplicação de probióticos a pacientes com microbiota intestinal

4

violada e no tratamento de doenças inflamatórias do trato gastrointestinal. Mas não encontrámos em nenhuma das fontes estudadas a informação relativa à aplicação de probióticos a pacientes com apendicite aguda. A terapia padrão, que é aplicada aos pacientes com formas destrutivas de apendicite aguda, não leva em conta o grau de disbiose intestinal e microbiocenose do cólon que, por sua vez, não permite a normalização destas violações. Estes factores podem criar as bases para o aparecimento e desenvolvimento de complicações pós-operatórias, o que predetermina uma elevada percentagem de incapacidade para o trabalho, especialmente entre as pessoas em idade madura, criativa e capaz de trabalhar.

Tendo em conta a elevada percentagem de incidências de apendicite aguda e a frequência de incidência de complicações pós-operatórias, incapacidade temporária para o trabalho e, consequentemente, perdas económicas, o problema do tratamento eficaz de doentes com apendicite aguda pode ser atribuído às questões mais prementes da medicina moderna.

Os autores esperam que esta monografia seja útil para cirurgiões, gastrenterologistas, estudantes de faculdades de educação médica pós-graduada, especialistas em medicina familiar, médicos de clínica geral, residentes clínicos e estudantes de medicina.

Estamos profundamente gratos aos nossos professores, colegas, amigos e familiares. Sem a sua ajuda e apoio, esta monografia não teria sido escrita. Os autores aceitam de bom grado quaisquer comentários críticos e sugestões relativamente ao conteúdo da monografia.

CAPÍTULO 1

O PAPEL DA DEFECÇÃO DA MICROBIOCENOSE INTESTINAL NO DESENVOLVIMENTO DE DOENÇAS INFLAMATÓRIAS DO CÓLON E DA APENDICITE AGUDA.

De acordo com Gill H., Prasad J. (2008), Bondarenko V.M., Shaposhnikova L.I. (2009), Radchenko V.G., Suvorov A.N., Sytkin S.I. e outros (2010), a defeção da microbiocenose intestinal, que manifesta uma alteração da composição quantitativa e qualitativa da microflora intestinal e a reprodução da microflora condicionalmente patogénica, é designada por disbiose. Atualmente, sabe-se que até 90% da população mundial sofre de disbiose, incluindo a disbiose intestinal. Zvyagintsev T.D., Plutenko I.M. (2008).

Já em 1907 Mechnikov I.I. admitia que a causa da doença nos seres humanos é um efeito cumulativo nas células do microrganismo de várias toxinas, metabolitos, que são produzidos pela microflora condicionalmente patogénica, que vegeta em grandes quantidades na pele, membranas mucosas e trato gastrointestinal. Na nossa literatura adquiriu distribuição o termo "dysbacteriosis intestinal". Na literatura inglesa, para referir violações da composição qualitativa e quantitativa da microflora intestinal, utiliza-se o termo "bacterial overgrowth syndrome". Os autores alemães utilizam o termo "bakterielle Fehlbesiedlung" (tradução literal - fixação incorrecta ou imprópria de bactérias) Ivashkin V.T., Sheptulin A.A., Sklianskaya O.A. (2002).

Na nossa opinião, Bezrodnyi B.G., Drannik G.M., Iovitsa A.V. (2011) e de acordo com os dados de Zimmerman Y.S. (2000), Paliy I.G., Zaika S.V. (2008), o termo "disbacteriose intestinal" não é totalmente bem sucedido, uma vez que apresenta alterações quantitativas e qualitativas na flora bacteriana da microbiota intestinal, mas não se trata apenas de bactérias, mas também de fungos de levedura condicionalmente patogénicos do género Candida. Por isso, o termo mais correto é "disbiose intestinal". De acordo com Zoetendal E.G. et al. (2008), SilviaWilsonGratzetal. (2010), Sasidharan S., ChenY., Saravanan D. et al. (2011), o principal reservatório da microflora do ser humano é a microbiocenose do intestino grosso. Esta proporciona: resistência à colonização por microrganismos, inibindo o crescimento e a reprodução da microflora intestinal e da gaseificação pútrida, ação de desintoxicação em relação à microflora de toxinas endógenas e exógenas, reatividade imunitária do organismo, atividade da função de evacuação motora do intestino, participação ativa na síntese de substâncias biologicamente activas, regulação da produção de gases, metabolismo da água-sal e função de produção de vitaminas.

Atualmente, foram atribuídas mais de 400 espécies de microrganismos da biocenose do cólon - representantes de 17 famílias, 45 classes - Yankovsky D.L. (2003), Khoshini R.A.,Dai S.I., Lezcano S., Pimentel M. (2008). A microbiocenose do intestino é um sistema autorregulador capaz de manter de forma independente um equilíbrio entre a microflora obrigatória, opcional e transitória Smiyan O.I., Vasilieva O.G. (2009). Na cavidade do cólon domina a microflora obrigatória, que é representada por bifidobactérias, lactobacilos, eubactérias, E. coli e enterococos.

De acordo com os dados de Luzin E.V. (2009), Boyko T.J., Sorochan O.V., Tropko L.V. et al. (2012), Groshwitz K.R., Hogan S.P. (2009), Pimentel M. (2009), Koo H.L., DuPont H.L. (2010), Van Wijck K. et al. (2010), as causas da disbiose intestinal incluem: doenças inflamatórias agudas e crónicas do trato gastrointestinal; doenças infecciosas e não infecciosas causadas por microrganismos; o uso de medicamentos antibacterianos e anti-inflamatórios, antiácidos, imunossupressores, medicamentos hormonais, desvios da reatividade imunológica; disfunção endócrina; operações no trato gastrointestinal; deterioração do ambiente ecológico; modo de alimentação; fome; radiação; stress e velhice.

De acordo com a classificação de Kuvaeva N.B., Ladodo K.S. (1991), existem quatro níveis de disbiose intestinal:

- o primeiro nível de gravidade - quando os anaeróbios dominam com diminuição de cerca de 1-2 vezes a quantidade de microflora protetora - bifidobactérias, lactobacilos, Escherichia coli. Microrganismos condicionalmente patogénicos numa quantidade de até 10^3 CFU/g.

• o segundo nível de gravidade - quando se verifica a redução do título de bifidoflora para 3-4 vezes, a ocorrência de formas atípicas de E. coli, o aumento do título de formas de cocos, fungos de levedura do género Candida, proteus até 10^5 CFU/g.

• o terceiro nível - é caracterizado como a fase de agressão da microflora aeróbia.

7

Verifica-se a redução significativa da quantidade de bifidobactérias e lactobactérias até 10 -10^5 ^{6} CFU/g. A quantidade de aeróbios excede o título de microrganismos condicionalmente patogénicos até 10^7 CFU/g ou mais, dominando os microrganismos hemolíticos e os fungos semelhantes a leveduras do género Candida.

• o quarto nível - é considerado como a fase os associada à disbiose. Não há bifidobactérias, a quantidade de lactobacilos e Escherichia coli diminui significativamente. Verificam-se alterações profundas da proporção quantitativa de microrganismos obrigatórios e facultativos e das suas propriedades biológicas. Ocorre a acumulação de enterotoxinas e citotoxinas.

Os critérios para a compensação de fase e descompensação da disbiose do cólon (de acordo com o bakteriogramm - CFU/g de fezes) - Tabela. 1.1

Quadro 1.1

Índices	Bifidobactérias	Lacto-bactérias	Bacteróides	Escherichia Coli
Normal	9,8 e superior	7,8 e superior	8,6 e superior	7,1 e superior
Compensado	9,0 - 9,7	6,8 - 7,7	7,6 - 8,5	6,2 - 7,0
Subcompensado	7,0 - 8,9	5,0 - 6,7	7,0 - 7,5	5,3 - 6,1
Descompensado	6,9 e inferior	5,0 e inferior	6,9 e inferior	5,2 e inferior

Pela primeira vez, Prullo Y. (1983) falou sobre o impacto negativo da deserção do microbiota intestinal no estado da função de barreira da parede intestinal. De acordo com a literatura de Zaykov S.V. (2008), Piche T. (2009), Yuri Stepanov, Budzak I.J. (2012), em resultado de perturbações disbióticas no intestino, a mucosa do cólon é danificada, o que faz com que microrganismos condicionalmente patogénicos como Proteus, Klebsiella, Enterobacter, Clostridium difficile, Staphylococcus, fungos de levedura do género Candida e outros penetrem na camada submucosa do intestino. Há infiltração da mucosa intestinal por leucócitos, o que agrava as alterações degenerativas na mucosa do intestino, segundo Zhdanov S.M., Danilenko I.A. (2009), Bixquert Jimynez M. (2009), Ternuschak T.M, Chopey K.I., Chopey I.V. (2011), Roka R., Gecse K., Wittmann T. (2011). Como resultado, violou os processos de absorção e função motor-evacuação do intestino, que clinicamente manifestou o desenvolvimento de inflamação crônica e distúrbios funcionais do trato gastrointestinal, após Rumyantsev V.G. (2008), Cheluvappa R., Luo A.S., Palmer C., Grimm M.C. (2011), Chiou E., Nurko S. (2011), Martinez C., Vicario M., Ramos L. et al. (2012), Serghini M., Karoui S., Boubaker J., Filali A. (2012). Como resultado, há distúrbios no processo de absorção e funções motoras-evacuadoras do intestino, que se manifestam clinicamente no desenvolvimento de inflamação crônica e distúrbios funcionais no trato gastrointestinal, após Rumiantsev V.G. (2008), Cheluvappa R., Luo A.S., Palmer C., Grimm M.C. (2011), Chiou E., Nurko S. (2011), Martinez C., Vicario M., Ramos L. et al. (2012), Serghini M., Karoui S., Boubaker J., Filali A. (2012).

A disbiose intestinal é caracterizada pela inibição do componente microbiano anaeróbio, principalmente bifidobactérias e lactobacilos, também há um aumento na quantidade e distribuição de estirpes condicionalmente patogénicas com aumento da atividade proteolítica, aumento das propriedades adesivas, bactérias condicionalmente patogénicas para a mucosa intestinal, após Marusyk G.P. (2008), De Paula JA, Carmuega E., Weill R. (2008), Paliy I.G., Zaika S.V. (2010), Sekirov I., RussellS.L. et al. (2010).

Na prática clínica, as causas mais comuns de disbiose do cólon são as doenças inflamatórias agudas e crónicas do trato gastrointestinal, bem como a antibioticoterapia Ojetti V., LauritanoE.C., BarbaroF. et al (2009), Peralta S., CottoneC., DoveriT. et al. (2009).

Ao mesmo tempo, após as intervenções cirúrgicas devem ser nomeados os medicamentos antibacterianos, de acordo com as normas de tratamento cirúrgico de pacientes com formas destrutivas de apendicite aguda, decreto do Ministério da Saúde da Ucrânia №297 (2010), que resulta em disbiose intestinal ainda mais perturbado, depois de Prakash A. (2008), Lindgren M., Lofmark S., Edlund C. et al. (2009). A terapia com antibióticos, por sua vez, aumenta ainda mais a frequência de sementeira de microflora condicionalmente patogénica. Trata-se dos géneros Proteus, Klebsiella, Enterobacter, Clostridium difficile, Staphylococcus, E.coli com a alteração das propriedades enzimáticas, fungos de levedura do género Candida e outros que têm a síntese de factores patogénicos (adesinas, citotoxinas, enterotoxinas, fator anti-lisozima e semelhantes) que, por sua vez, contribuem para o desenvolvimento de complicações pós-operatórias, segundo Potapov A.F. (2004). Também se sabe, segundo Vdovichenko V.I., Pasichna O.I. (2011), que os produtos

9

metabólicos e as toxinas da microflora intestinal reduzem a função desintoxicante do fígado, inibem a reatividade imunológica e quebram a função de evacuação motora do intestino, o que também contribui para o desenvolvimento de complicações pós-operatórias.

De acordo com os dados de alguns autores Sheptulin A.A., Kuchumova S.Y. (2009), Staseva I.V. (2010), Babak O.Y., FadeenkoG.D., SytnikK.A. (2012), em resultado da disbiose intestinal surge a perturbação da motilidade intestinal, surge a função de evacuação motora, que se manifesta em flatulência e obstipação. Por sua vez, a perturbação da função de evacuação motora da função de barreira intestinal contribui para a perturbação da microflora intestinal e para a translocação da microflora do lúmen intestinal para a submucosa, resultando no desenvolvimento do processo de inflamação crónica.

Resumindo os resultados de pesquisas numéricas, pode-se afirmar que a disbiose do cólon sobrecarrega o curso do período pós-operatório para pacientes com patologia abdominal, especialmente para pacientes com apendicite aguda. No entanto, na literatura moderna não se encontram dados sobre o impacto negativo da disbiose do intestino grosso no desenvolvimento da apendicite aguda e no período pós-operatório, bem como sobre a reparação da função de evacuação motora no período pós-operatório.

Assim, tendo em conta o impacto negativo da disbiose intestinal na função de evacuação motora, na reatividade imunológica do organismo e na função desintoxicante do fígado, o problema do tratamento da disbiose intestinal em doentes com apendicite aguda requer um estudo pormenorizado.

CAPÍTULO 2

JUSTIFICAÇÃO DA UTILIZAÇÃO DE PROBIÓTICOS NO TRATAMENTO DE DOENTES COM APENDICITE AGUDA.

Nos últimos 10 anos, na Ucrânia, aumentou o número de doentes com doenças inflamatórias crónicas do trato gastrointestinal que estão associadas à disbiose do cólon, de acordo com Radchenko V.G., Sitkin S.I., Seliverstov P.V. (2010), Bondarenko V.M. (2011). A disbiose do cólon leva à colonização da microflora patogénica no cólon e no trato gastrointestinal proximal, de acordo com Parkar S.G., Stevenson D.E., Skinner M.A. (2008), Saulnier D.M., Kolida S., Gibson G.R. (2009). Por sua vez, isto leva ao desenvolvimento da síndrome de intoxicação crónica, à diminuição da função de evacuação motora do intestino, enfraquece a reatividade imunológica e é o pano de fundo para o desenvolvimento de doenças inflamatórias agudas e crónicas do trato gastrointestinal, tais como a síndrome do intestino irritável, a colite ulcerosa, a doença de Crohn, a doença diverticular do cólon, a enterite crónica e a colite, depois de Simanenkov V.I. (2008), Drouault-Holowacz S., Bieuvelet S., Burckel A. et al. (2008), Martynov A.I., Shilov A.M., Makarov I.A. (2010). O desenvolvimento e a progressão de doenças inflamatórias crônicas do trato gastrointestinal, por sua vez, violam ainda mais a propulsão da função de evacuação motora do intestino e a reatividade imunológica, após Perunova N.B., Elena Ivanova (2009), Agafonov N. (2013).

Além disso, a utilização descontrolada de medicamentos antibacterianos e anti-inflamatórios, antiácidos, imunossupressores, hormonas, conduz igualmente a perturbações do microbiota intestinal e contribui para a progressão de doenças inflamatórias crónicas do trato gastrointestinal, após De La Cochetiere M.F., Durand T. et al. (2008), Dethlefsen L., Huse S., Sogin M.L., Relman D.A. (2008), Croswell A., Amir E., Teggatz P. et al. (2009), Kaminsky M.N. (2012).

De acordo com a teoria de L. Ashoff (1906), uma inflamação aguda do apêndice - é o desenvolvimento de um processo infecioso-inflamatório nos folículos linfáticos, que se desenvolve como resultado da penetração de microorganismos patogénicos na submucosa do apêndice. Mas este processo é possível sob a condição de violação da função de barreira da membrana mucosa do apêndice e aumento da virulência da microflora patogénica no contexto de um enfraquecimento da reatividade imunitária do organismo e redução dos mecanismos de defesa locais. É por isso que, de acordo com o acima exposto, a colite crónica e a disbiose intestinal podem ser o pano de fundo sobre o qual se desenvolve um processo inflamatório destrutivo no apêndice.

Na literatura estudada de Rowan F.E., Docherty N.G., Coffey J.C., O'Connell P.R. (2009) foi encontrada apenas uma única mensagem, que confirma a possibilidade de tal inflamação no apêndice no contexto da disbiose intestinal.

A procura de tratamento para a disbiose intestinal teve início em meados do século XX. Pela primeira vez, Mechnikov I.I. (1903) propôs um "azedo" para a correção do microbiota intestinal perturbado. Mais tarde, durante a Primeira Guerra Mundial, A. Nissle (1916) extraiu do intestino de um soldado, que não estava doente de infeção intestinal aguda, a estirpe de Escherichia coli, que é utilizada como parte de preparações probióticas para a correção da disbiose intestinal até aos nossos dias.

De acordo com a Organização Mundial de Gastroenterologia (2008), Francisco Guarner, Aamir G. Khan, James Garischetal. (2008), Mozhina T.L. (2009), na última década, os ensaios clínicos receberam uma base de provas suficiente da eficácia dos probióticos na prevenção e no tratamento de doenças inflamatórias do trato gastrointestinal.

Como é bem conhecido, de acordo com A.V. Veselov (2009), Meile L., Blay G. Le, Thierry A. (2008), Vinderola G., Binetti A., Burns P., Reinheimer J. (2011), Ringel Y., Ringel-KulkaT. (2011), os probióticos são preparações de microrganismos vivos e substâncias microbianas que têm um efeito positivo nas reacções fisiológicas, bioquímicas e imunológicas do corpo humano através da correção da sua microbiocenose.

O mecanismo de ação dos probióticos:

I. Efeitos imunológicos:

- Aumentar a síntese de imunoglobulina A;

- Modular o conteúdo de citocinas;

- Induzir o desenvolvimento de hiporeactividade a alergénios alimentares

II.Não tem efeitos imunológicos:

- Alterar o ambiente Ph local, criando condições desfavoráveis ao desenvolvimento de organismos patogénicos;

- Inibir o desenvolvimento de organismos patogénicos;
- Eliminar os radicais livres;
- Estimular a produção de mucina da mucosa intestinal;
- Modificar as endotoxinas bacterianas patogénicas.

Na literatura há muitas publicações de Kalyuzhny O.S., Strelnikov L.S., Strilets O.P. (2008), Fotiadis C.I., Stoidis C.N., Spyropoulos B.G. et al. (2008), Rochet V., Rigottier-Gois L., Ledaire A. et al. (2008), Borsch S.K. (2009) sobre o problema do tratamento de pacientes com disbiose intestinal. É de notar que este tratamento envolve a eliminação da microflora patogénica, segundo Spiller R. (2008), Tabbers M.M., Chmielewska A., Roseboom M.G. et al. (2009); a injeção de medicamentos que contêm a microflora normal, competindo com espécies condicionalmente patogénicas, segundo Borsch S.K., Mischuk V.G., Kutsik R.V. (2008), Vandenplas Y., Benninga M. (2009); estimulação da imunidade, depois de Shida K., Nanno M. (2008), Changhyun Roh., Uhee Jung (2012); a regulação da velocidade de trânsito do conteúdo intestinal, a injeção de substratos e aditivos biológicos para aumentar as oportunidades de colonização da microflora obrigatória, depois de Kaarina Kukkonen et al. (2008). O tratamento com probióticos leva à normalização da microflora do trato gastrointestinal, à correção da reatividade imunológica dos macroorganismos e facilita a cura clínica dos doentes, segundo Koning C.J., Jonkers D.M., Stobberingh E.E. et al. (2008), Jihed Boubaker, Hedi Ben Mansour, Kamel Ghedira et al. (2011), Mensah A.Y., Donkorv P.O., Fleischer T.C. (2011), Iovitsa A.V. (2011).

O uso generalizado na correção de violações disbióticas adquiriu os produtos à base de bifidobactérias e lactobacilos, Saccharomyces, Escherichia coli, bem como algumas espécies de bacilos, depois de Hristich T.N. (2010). Existem numerosas publicações sobre a utilização de probióticos e são por vezes contraditórias, Oiunfunmiso O.Olajuyigbe., Anthony J. Afolayan (2011). Há relatos, depois de Marteau P., Pochart P., Bouhnik Y. et al. (1992) que os probióticos baseados em bifidobactérias e lactobacilos não têm resistência a antibióticos, de modo que não há efeito clínico de recuperação. Assim, Zimmerman J.S. (2009) acredita que o tratamento com probióticos pode não ser justificado e precisa de ser revisto devido à sua curta duração. Outros autores Jones Jennifer L., Foxx-Orenstein Amy E. (2007) pensam que, após a interrupção da terapia de manutenção, as estirpes de microflora introduzidas artificialmente desaparecem rapidamente do intestino e são substituídas por microflora aleatória.

Tendo em conta que em doentes com formas destrutivas de apendicite aguda ocorre disbiose intestinal, após Saitov M., Nikitenko V.I., Esipov V.K., Pisetskiy S.N. (1997), Rath H.C., Schultz M., Freitag R. et al. (2001), Bezrodnyi B.G., lovitsa A.V. et al. (2012), que, por sua vez, promove o crescimento da microflora patogénica no trato gastrointestinal e afecta a reatividade imunológica, pode assumir-se que é o mecanismo de desencadeamento no desenvolvimento de apendicite aguda e na ocorrência de complicações pós-operatórias que é certamente atual na condução de uma terapia eficaz de violações da microbiocenose do cólon.

Por conseguinte, a utilização de probióticos é atual e uma nova abordagem na cirurgia destinada a corrigir as violações da microbiota intestinal.

CAPÍTULO 3

FUNDAMENTO DO USO DE PROBIÓTICOS COM SUSPENSÃO DE ESPOROS DE BACILLUS CLAUSII NO TRATAMENTO CIRÚRGICO DE PACIENTES COM APENDICITE AGUDA.

Na terminologia médica, o termo "probióticos" foi introduzido pela primeira vez em 1965, depois de Lilly D.M., Stillwell R.H. Ao contrário dos antimicrobianos, os probióticos foram descritos como factores microbianos que promovem o crescimento de outros microrganismos. Mais tarde, em 1989, Roy Fuller sublinhou a necessidade de viabilidade dos probióticos e introduziu a hipótese dos seus efeitos positivos para os doentes, depois de Young V.B., Schmidt T.M. (2008), Williams M.D., Ha C.Y., Ciorba M.A. (2010), Bron P.A., Van Baarlen P., Kleerebezem M. (2012), Ringel Y., Quigley E., Lin H. (2012).

Hoje em dia, todos os medicamentos conhecidos, que são utilizados para a correção da violação da microbiota intestinal no tratamento de pacientes com doenças inflamatórias do trato gastrointestinal, podem ser divididos em três grupos: probióticos, prebióticos e simbióticos, depois de Shimizu K., Ogura H., Goto M. et al. (2009), Steyer G.E. (2009), Stearns J.C, Lynch M.D, Senadheera D.B. (2011), Frick J.S. (2012), Hempel S., Newberry S.J., Maher A.R. et al. (2012), Zaichenko O.E. (2014). Na prática médica moderna probióticos - são drogas de microorganismos vivos que contribuem para a melhoria das reações fisiológicas, bioquímicas e imunológicas do organismo hospedeiro, normalizando sua microbiocenose, após Cunningham-Rundles S. (2004), Borchers A.T., Selmi C., Meyers F.J. et al. (2009), Kushugulova A.R. (2010), Bron P.A., Van Baarlen P., Kleerebezem M. (2012). Por sua vez, os prebióticos incluem fármacos, ou suplementos alimentares, que não são de origem microbiana e que têm um efeito positivo no organismo hospedeiro, estimulando seletivamente o crescimento ou a capacidade de vida da microflora intestinal normal, segundo Grishel A.I., Kishkurno E.P.(2009), Delphine M.A. Sauliner, Jennifer K. Spinler, Glenn R. Gibson et al. (2009), Radchenko V.G., Suvorov A.N., Sitkin S.I. (2010). Os simbióticos são os medicamentos ou suplementos alimentares derivados da combinação racional de probióticos e prebióticos, após Radchenko V.G., Suvorov A.N., S.I. Sitkin et al. (2010), Pramod Kumar Singh, Indu Pal Kaur (2011).

As preparações probióticas têm sido amplamente utilizadas na prática da correção da disbiose intestinal devido à sua atividade antagonista contra a microflora patogénica e condicionalmente patogénica devido à produção de ácidos e substâncias antibióticas, depois de Radchenko V.G., Safronenkova I.G., Seliverstov P.V., Sitkin S.I. (2009), Lang F.C. (2010), Borsch S.K. (2012).

Assim, de acordo com Bernet-Camard M.F. (1997), as alterações bioquímicas induzidas pela capacidade dos probióticos de inibir a adesão dos organismos patogénicos ao epitélio intestinal, protegendo assim um macroorganismo contra a translocação e a invasão bacteriana.

As preparações probióticas modernas podem ser divididas em vários grupos: bifido-, lakto-, koli e contendo esporos, após Yang Y.X., He M., Hu G. et al. (2008), Silvia Wilson Gratz, Hannu Mykkanen, Hani S El-Nezami (2010), Rychkova T.I., Zaitseva O.V., Efremov I.I. et al. (2011), Dan C Vodnar, Carmen Socaciu. (2012). As preparações probióticas Bifido contêm Bifidobacterium, lakto - Lactobacillus, koli - Escherichia coli e esporos - representantes do género Bacillus.

O ingrediente ativo do probiótico (Sanofi-Aventis, França) são estirpes de esporos Bacillus clausii resistentes à poliantibiótica (N / R, O / S, SIN e T). Bacillus clausii identificado taxonomicamente no Instituto Louis Pasteur (Paris). O género Bacillus inclui 77 espécies e inclui um grande grupo de microrganismos aeróbicos, capazes de formar endosporos. Os membros do género Bacillus possuem um amplo espetro de atividade biológica e exibem um efeito antagonista em relação a organismos patogénicos. As estirpes N / R, O / S, SIN e T Bacillus clausii, que fazem parte do probiótico, sintetizam vitaminas do grupo B, o que permite compensar a deficiência de vitaminas causada pela toma de antibióticos. Os membros do género Bacillus estão envolvidos na síntese de antibióticos, o que indica a sua atividade antimicrobiana, segundo Grinko O.M., Zverev V.V., Kaloshin A.A. (2009), Skrypnyk I.N., Maslova A.S. (2009).

Bacillus clausii também ajuda a melhorar os processos digestivos devido ao ácido dipicolínico, inibe o crescimento dos microrganismos mais patogénicos e condicionalmente patogénicos, ao mesmo tempo que não exerce efeitos adversos sobre a flora intestinal normal de um homem, bloqueando loci específicos no epitélio intestinal, impedindo assim a adesão de agentes patogénicos à parede do intestino, depois de Valyshev A.V., Valysheva I.V., Heyden I.V. (2009), Semkovich Y.V., Semkovich M.J. (2009). A bactéria probiótica Bacillus clausii tem um elevado grau de resistência heteróloga aos antibióticos, o que permite a utilização do medicamento para a prevenção de perturbações da microflora intestinal induzidas pela ação selectiva de antibióticos (especialmente antibióticos de largo espetro) e para a renovação da microbiota intestinal humana em doenças inflamatórias do trato gastrointestinal, após Preidis G.A., Versalovic J. (2009), lovitsa A.V. (2010).

Como se sabe, depois de Vdovichenko V.I., Korniychuk O.P., Merentsova O.O., Lozinsky Y.S. (2010), da microflora patogénica, que está a tornar-se rapidamente resistente aos antibióticos, os mais perigosos são os cocos gram-positivos: Staphylococcus ssp., Enterococcus ssp. e os bastonetes Gram-negativos: a família Enterobacteriaceae (Escherichia coli, Proteus ssp, Klebsiella pneumonia, Serratia marcescens, Enterobacter ssp., Citrobacter ssp.), Pseudomonas aeruginosa, Acinetobacter ss. e esta flora condicionalmente patogénica ocorre muito frequentemente durante a inflamação do apêndice e em violação da microbiocenose do cólon.

Também se sabe, depois de Zimmerman J.S. (2009), que a bactéria do género Bacillus clausii favorece a destruição de coágulos sanguíneos, alergénios e produtos tóxicos. Há publicações de Sanders M.E., Morelli L., Tompkins T.A. (2003), Adibay J.O., Ospanbekova A.B. (2011), que a bactéria Bacillus clausii é mais eficaz do que os probióticos clássicos à base de bifidobactérias e lactobacilos no restabelecimento de violações da microbiocenose intestinal.

Os resultados da investigação, depois de Zvyagintsev T.D., Gridneva S.V. (2009), Pasternak G.I. Tkachev M.U. (2010), Nazarenko O.N., Yurchik K.V., Bondar T.A., Zagorski S.E. (2011), sugerem que a bactéria probiótica Bacillus clausii é capaz de induzir uma resposta imunitária celular e humoral, possuindo também um tropismo para as placas de Peyer e os gânglios linfáticos mesentéricos, e a capacidade de influenciar a produção de citocinas.

As caraterísticas importantes do produto são a excelente resistência dos esporos de Bacillus clausii a factores ambientais e o conteúdo agressivo do trato gastrointestinal, a atividade antimicrobiana, a elevada adesão e as propriedades de resistência, o efeito de auto-eliminação, a resistência aos antibióticos e um elevado perfil de segurança confirmado pela experiência clínica, após Molan A.L., Flanagan J., Wei W. et al. (2009), Borsch S.K., Maslyakov T.R. (2011).

Assim, analisámos a literatura onde a quantidade significativa de material aborda a utilização de probióticos, que compreendem uma suspensão de esporos de Bacillus clausii, em doentes com violações da microbiota intestinal e no tratamento de doenças inflamatórias do trato gastrointestinal.

Mas em nenhuma fonte foi assinalada a utilização deste medicamento em doentes com formas destrutivas de apendicite aguda. A terapia padrão, que é aplicada a pacientes com formas destrutivas de apendicite aguda, não leva em conta: o grau de disbiose intestinal e condições de microbiocenose do cólon, que por sua vez não permite normalizar as violações. Os factores acima referidos podem criar as bases para o surgimento e desenvolvimento de complicações pós-operatórias, que determinam a elevada percentagem de incapacidade, especialmente entre a idade madura, ativa e criativa.

Tendo em conta a elevada incidência de apendicite aguda e a incidência de complicações pós-operatórias, a incapacidade temporária e, consequentemente, as perdas económicas, os problemas relacionados com o tratamento eficaz dos doentes com apendicite aguda podem ser atribuídos à atualidade da medicina moderna.

CAPÍTULO 4

PROCEDIMENTOS BACTERIOLÓGICOS

Pesquisa de fezes para disbiose: As fezes foram semeadas com base no método de Gould para o meio nutriente de Endo, ágar sangue a 5%, ágar vitelina-sal (VSA), Saburo e meio enriquecedor para enterobactérias patogénicas. O progresso na investigação e identificação dos isolados foi efectuado de acordo com o MOU 04-723/3, 1984, MR N 2500-81. Durante a pesquisa de fezes em fungos de levedura do género Candida: 0,1 g de material foram adicionados a 5 cm cúbicos de solução salina e 0,1 cc. cm de suspensão foi plaqueada em meio Sabouraud esfregando gradualmente com uma espátula. As culturas foram incubadas a 37 +/- 1 °C durante 24 horas e depois a 22 +/- 1 °C durante 5 dias. As colónias de fungos do género Candida são redondas, lisas e de consistência cremosa. Para isolar uma cultura pura de colónias suspeitas, estas foram analisadas em placas de ágar Saburo ou em taças sectoriais e, após 72 horas de crescimento na incubadora, procedeu-se à sua posterior identificação. Quando as alças foram plaqueadas em ágar batata (cortando o ágar até ao fundo do copo) foi determinada a filamentação que caracteriza os fungos do género Candida (surgimento de pseudomicélio), que foi estudada sob a baixa ampliação do microscópio. As propriedades enzimáticas das culturas foram estudadas em água peptonada constituída por 1-2% de hidratos de carbono - glucose, lactose, sacarose e maltose na presença de um indicador (pH 6,0-6,5).

Os estudos bacteriológicos da flora aeróbia e anaeróbia dos apêndices semelhantes a vermes e do fluido da cavidade abdominal foram realizados por métodos padrão MoH da URSS №535 (1985), Dyachenko V.F., Biryukova S.V., Starobinets Z.T., et al. (2000). Após a identificação dos microrganismos foi determinada a sua sensibilidade aos antibióticos pelo método de difusão em disco, ordenado pelo Ministério da Saúde da Ucrânia №167 (2007). O material para exame bacteriológico (esfregaços da mucosa do apêndice, exsudado abdominal) foi recolhido assepticamente num recipiente estéril e entregue ao laboratório no prazo de 1 hora. Assim, estudámos bactérias aeróbias e anaeróbias gram-positivas e gram-negativas.

A sementeira foi efectuada por método quantitativo para ambientes de nutrientes sólidos e líquidos. Para o efeito, começou-se por preparar a diluição 1:9. A zaragatoa de tecido da mucosa e o tecido do apêndice foram cuidadosamente suspensos em 1 ml de caldo de carne (MB). A diluição resultante foi convencionalmente tomada como 1:9 ou 10^{-1}. O exsudado da cavidade peritoneal com uma quantidade de 1 ml foi ajustado para 9 ml. MB (1:9). As seguintes diluições em série em caldo nutriente foram preparadas pelo método de rifas. Do 1º tubo de 0,5 ml da suspensão foi transferido para o 2º MB, do 2º para o 3º, e assim sucessivamente até uma diluição de 10^{-10}. Semeámos 0,1 ml da solução de cada diluição, começando pela maior, em meio nutritivo sólido (ágar sangue a 5%, meio Endo, meio Sabouraud). Em primeiro lugar, pipetámos 0,1 ml de suspensão estéril para a superfície do ágar e, em seguida, com uma espátula estéril, espalhámo-la por toda a superfície da placa de Petri.

A sementeira para culturas líquidas (caldo de açúcar, ambiente para testes de esterilidade) foi efectuada com uma criação de 10^{-1}. Para tal, foram adicionados 0,1 ml da suspensão com uma pipeta esterilizada no tubo com o líquido. O material assim inoculado foi incubado numa estufa durante 18-24 horas a 37°C. No 2º dia, as culturas foram revistas e contados cada tipo de microrganismos que se desenvolveram em meio nutritivo sólido. As suas propriedades culturais foram marcadas. Fizemos traços e pintámo-los de acordo com Gramm. Em caso de presença de bastonetes Gram-negativos, colhemos 7-10 colónias isoladas de cada espécie em ágar ureia Olkenitskiy de três camadas. As culturas foram incubadas numa incubadora durante 18-24 horas. No dia seguinte, marcámos as caraterísticas bioquímicas das culturas no meio de Olkenitskiy. Para uma identificação mais aprofundada, a sementeira foi efectuada em ágar citrato de Simons, em ágar acetato, em ágar MB a tira indicadora de indol, em meio Hiss com manitol, em ágar com fenilalanina, em meio Clark, em ágar semi-sólido para determinar a mobilidade, em meio com ureia segundo Preuss. As culturas foram incubadas numa incubadora durante 18-24 horas. No dia seguinte, tivemos em conta os resultados da identificação bioquímica e demos a resposta.

Após a identificação dos microrganismos isolados, foi determinada a sua sensibilidade aos antibióticos (ABP) através do método de difusão em disco. Em primeiro lugar, preparámos a suspensão microbiana de cultura pura (inóculo). Transferimos com uma ansa uma pequena quantidade de material para um tubo contendo 4-5 ml de solução salina estéril, ajustando a densidade com precisão para 0,5 de acordo com a norma de McFarland. O I oculus preparado foi aplicado com uma pipeta Pasteur estéril na superfície da placa de Petri com meio Mueller-Hinton num volume de 1-2 cc, depois distribuído uniformemente pela superfície através de uma ligeira agitação, o excesso foi removido com uma pipeta.

Os copos ligeiramente abertos foram secos à temperatura ambiente num período de 10-15 minutos. Em seguida, aplicaram-se na superfície do meio de cultura, com pinças esterilizadas, discos padrão com ABP, não mais de 6 discos por copo. As culturas foram incubadas numa estufa durante 18-24 horas. Após a incubação foram medidas as zonas de inibição do crescimento com uma precisão de 1 mm através de uma régua. Ao medir, concentrámo-nos na área total sobre a opressão do crescimento visível.

A avaliação da sensibilidade foi realizada de acordo com os critérios padrão para a interpretação dos resultados, que foram retirados das tabelas da ordem do Ministério da Saúde da Ucrânia №167 de 05.04.2007. Assim, os agentes foram atribuídos a uma de três categorias: sensível, moderadamente resistente, resistente.

O meio Sabouraud foi adicionalmente incubado numa incubadora durante 72-96 horas. Na presença de colónias típicas de fungos leveduriformes do género Candida, fizemos traços e pintámo-las de acordo com Gramm. Durante a microscopia, prestámos atenção aos fungos leveduriformes Gram-positivos e à disponibilidade de pseudomicélio. De acordo com os resultados da microscopia, demos uma resposta definitiva.

O número de microrganismos foi determinado numa diluição máxima, que ainda é possível identificar o tipo de bactérias. Por exemplo: em ágar-sangue cresceram 7 colónias de E.coli quando se plaqueou 0,1 ml de suspensão da criação 10^{-2} Ou seja, 1 ml contém 7×10 e multiplica-se por 10^{-2} (o nível de diluição) = 7000 E.coli ou 7×10^{-3}.

Em caso de ausência de crescimento no 2º dia em meios nutritivos, Endo Agar e ágar-sangue a 5% foram deixados na incubadora durante mais 24 horas. Se, após 48 horas de incubação, houvesse crescimento microbiano, a identificação era efectuada de acordo com o esquema acima mencionado. O caldo de açúcar, os meios para controlo da esterilidade e Sabouraud foram deixados na incubadora durante mais 96 horas. Em caso de ausência de crescimento em todos os meios foi dada uma resposta negativa.

CAPÍTULO 5

CARACTERÍSTICAS CLÍNICAS COMPARATIVAS DOS DOENTES

O estudo baseia-se numa análise comparativa dos resultados do tratamento cirúrgico de dois grupos que foram tratados na clínica cirúrgica durante o período 2006-2015, nas formas destrutivas de apendicite aguda complicada por peritonite local: serosa, seroplástica e fibrinopurulenta.

Todos os doentes do estudo foram divididos em dois grupos:

1. Controlado.

2. Experimental.

Os doentes do grupo de controlo receberam o tratamento cirúrgico padrão de acordo com o protocolo de cuidados para doentes com doenças inflamatórias agudas da cavidade abdominal aprovado pelo Despacho №297 do Ministério da Saúde da Ucrânia de 02.04.2010, que incluiu uma apendicectomia com drenagem da cavidade abdominal e terapia antibiótica.

Os pacientes do grupo experimental receberam, juntamente com a terapia antibiótica empírica e a apendicectomia com drenagem da cavidade abdominal, também o probiótico-bioenteroseptik por via intratecal com posterior ingestão oral de 5 ml três vezes por dia durante 6-7 dias (patente de modelo de utilidade da Ucrânia №43078 de Bezrodnyi B.G., lovitsa A.V., Martynovich L.D., Moiseenko A.I., publicado 27.07.2009. Bul. №14.), inscrito no Registo de inovações industriais №577 / 37/12 (2011-2012). O produto biológico com uma suspensão de esporos de Bacillus clausii (certificado de registo da Ucrânia №UA / 4234/01/01 de 09.03.2006) 1 frasco (5 ml) contém 2×10^9 esporos de estirpes multirresistentes de Bacillus clausii, adjuvante - água purificada.

Os critérios de inclusão dos doentes no estudo:

1. Doentes com formas destrutivas de apendicite aguda complicada com peritonite local: serosa, seroplástica e fibrinopurulenta.

2. A idade dos doentes variava entre os 16 e os 79 anos.

3. O consentimento do paciente para participar no estudo.

Os critérios de não-inclusão no estudo:

1. Grávidas e puérperas.

2. Doentes com pancreatite crónica com insuficiência pancreática exócrina.

3. Doentes com função renal comprometida com uma depuração da creatinina <50 ml / min.

4. Caquexia.

5. ALT e AST> 40 U / L.

6. Bilirrubina geral> 20,5 mmol / L.

7. Estado verificado de um doente infetado com o vírus da imunodeficiência humana (VIH).

8. Hepatite B ou C ativa.

9. Tratamento de tumores malignos, quimioterapia, radioterapia ou terapia com imunossupressores, terapia imunomoduladora.

10. A recusa do paciente em participar no estudo.

A divisão dos doentes dos grupos de controlo e experimental por idade e sexo é apresentada na Tabela 5.1.

A divisão dos pacientes em grupos de acordo com a idade e o sexo

Age (years)	Controlled group (n=226)			Experimental group (n=173)		
	M.	**F.**	**%**	**M.**	**F.**	**%**
16-19	42	46	38,9	21	23	25,4
20-29	34	39	32,3	19	21	23,1
30-39	15	18	14,6	12	16	16,2
40-49	6	10	7,1	10	11	12,1
50-59	3	4	3,1	8	9	9,8
60-69	2	3	2,2	5	7	6,9
70-79	2	2	1,8	5	6	6,4
Total	104	122	100	80	93	100
Age (X±σ)	27,6±13,1			32,5±17,8		
P (χ^2) by gender	-			P3-control=0,89		
P (t) by gender	-			P3-control=0,09		

Nota:

Os grupos são comparáveis em termos de género e idade.

Como se pode ver nos materiais da Tabela 5.1, o rácio de mulheres e homens no grupo de controlo era de 1:1,2, ou seja, dos 226 doentes que faziam parte deste grupo, 122 (53,9%) eram do sexo feminino e 104 (46,1%) do sexo masculino.

Entre os 173 doentes do grupo experimental, a proporção de mulheres e homens era de 1:1,2. No mesmo grupo, as mulheres eram 93 indivíduos (53,8%) e os homens 80 (46,2%).

De salientar, a prevalência de doentes de categorias etárias:

16-19 anos - 88 (38,9%) dos indivíduos do grupo de controlo e 44 (25,4%) do grupo experimental;

20-29 - 73 (32,3%) no controlo e 40 (23,1%) no experimental;

30-39 - 33 (14,6%) no grupo de controlo e 28 (16,2%) no grupo experimental.

Simultaneamente, de acordo com os dados de Prudkov M.I., Piskunov S.V., Nikiforov A.I. (2001), Nikonenko A.S., Detsyk D.A., Golovko N.G. et al. (2011), A.A. Prizentsov (2013), observou-se um número significativamente menor de doentes dos grupos etários médio e mais velho:

40-49 - 16 (7,1%) doentes no grupo de controlo e 21 (12,1%) no grupo experimental;

50-59 - 7 (3,1%) dos indivíduos do grupo de controlo e 17 (9,8%) dos indivíduos do grupo experimental;

60-69 - 5 doentes (2,2%) no grupo de controlo e 12 doentes (6,9%) no grupo experimental;

70-79 anos - 4 pessoas (1,8%) no grupo de controlo e 11 doentes (6,4%) no grupo experimental.

A estrutura das formas patomorfológicas de apendicite aguda (para a CID10) das pessoas dos grupos de controlo e experimental é apresentada na Tabela 5.2.

Quadro 5.2

A estrutura das formas patomorfológicas da apendicite aguda dos pacientes dos grupos de controlo e experimental.

Formas patomorfológicas	Grupo de controlo n=226		Grupo experimental n=173	
	Abs.	%	Abs.	%
Fleumático	136	60,2	106	61,3
Gangrenoso	68	30,1	57	32,9
Gangrenoso - perfurado	22	9,7	10	5,8
Total	226	100	173	100
p $(\chi)^2$	-	-	P=0,587	

Nota:

P - o resultado da diferença significativa em relação ao grupo de controlo para o critério XI - quadrado (χ2)-

Como se pode ver nos dados apresentados, em 100% dos casos do estudo foram envolvidos doentes com formas destrutivas de apendicite aguda. A estrutura das formas patológicas da apendicite aguda prevaleceu:

Forma flegmonosa - em 60,2% dos doentes do grupo de controlo e em 61,3% dos indivíduos do grupo experimental;

Gangrenosa - em 30,1% dos doentes do grupo de controlo e em 32,9% dos indivíduos do grupo experimental;

Forma gangrenosa-perfurada - em 9,7% dos doentes do grupo de controlo e em 5,8% dos doentes do grupo experimental.

A divisão dos doentes nos grupos de controlo e experimental relativamente à duração da doença antes do internamento é apresentada na Tabela 5.3.

Quadro 5.3

A divisão dos doentes nos grupos de controlo e experimental relativamente à duração da doença.

Duração da doença antes do internamento	Grupo de controlo n=226		Grupo experimental n=173	
	Abs.	%	Abs.	%
Menos de 12 horas	101	44,7	73	42,2
Menos de 24 horas	68	30,1	52	30,1
Mais de 24 horas	57	25,2	48	27,7
p $(\chi)^2$	-	-	P=0,946	

Nota:

P - valor da diferença significativa em relação ao grupo de controlo para o critério do Xi-quadrado (χ2).

Como se pode verificar pelos dados apresentados na Tabela 5.3, a maioria dos doentes esteve internada no período inferior a 12 horas. No entanto, chama a atenção e o internamento tardio - 25,2% dos doentes do grupo de controlo e 27,7% dos doentes do grupo experimental, o que no nosso entender diz respeito ao pouco cuidado dos doentes com a sua saúde.

Os principais sintomas clínicos dos doentes do grupo de controlo e do grupo experimental são apresentados na Tabela 5.4.

A frequência dos sintomas clínicos identificados durante a hospitalização nos pacientes com apendicite aguda.

Sintomas	Grupo de controlo* n=226		Grupo experimental* n=173	
	Abs.	%	Abs.	%
Dor na região ilíaca direita do abdómen	226	100	173	100
Dor na região ilíaca direita	226	100	173	100
Dureza dos músculos abdominais na região ilíaca direita	213	94,2	161	93,1
Sintomas de irritação peritoneal	194	85,8	146	84,4
Corpo com febre baixa	181	80,1	137	79,2
Sintoma de Schetkin-Blumberg	166	73,4	131	75,7
Sintoma de Rovzing	164	72,6	127	73,4
Sintoma de Voskresenskyi	159	70,3	122	70,5
Sintoma de Sytkovskyi	162	71,7	123	71,1
Sintoma de Rozdolskyi	165	73,1	124	71,7
Sintoma de Bartomie-Myhelson	167	73,9	131	75,7
Sintomas dispépticos				
Anorexia	209	92,5	161	93,1
Enjoos (náuseas)	96	42,5	72	41,6
Inchaço periódico durante 6 meses antes da hospitalização	62	27,4	48	27,7
Prisão de ventre	67	29,6	53	30,6

A alternância periódica de remissões e obstipações	69	30,5	57	32,9

Nota:

* - A diferença entre a frequência dos sintomas individuais detectados nos doentes do grupo experimental não foi estatisticamente significativa (p>0,05) em comparação com o grupo de controlo.

Como se pode ver na Tabela 5.4, a maioria dos doentes queixava-se de dor abdominal, sensibilidade à palpação na região ilíaca direita definida por tensão muscular na parede abdominal anterior e sintomas de irritação peritoneal.

Também a dispepsia e as perturbações do trato gastrointestinal ocorreram em doentes com apendicite aguda, como:

• **Anorexia** - em 92,5% dos doentes do grupo de controlo e 93,1% do grupo experimental;

• **Enjoos (náuseas)** - em 42,5% dos doentes do grupo de controlo e 41,6% do grupo experimental;

• **Flatulência** - em 27,4% dos doentes do grupo de controlo e 27,7% do grupo experimental;

• **Prisão de ventre** - em 29,6% dos doentes do grupo de controlo e 30,6% do grupo experimental;

- **Estado instável das fezes com alteração da soltura e obstipação** - em 30,5% dos doentes no grupo de controlo e 32,9% no grupo experimental.

A comorbilidade foi diagnosticada em 35 (15,5%) doentes do grupo de controlo e em 25 (14,4%) indivíduos do grupo experimental. As comorbilidades não constituíram contraindicação para o tratamento cirúrgico.

A natureza da comorbilidade entre os doentes do grupo experimental e do grupo de controlo é apresentada na Tabela 5.5.

A natureza da comorbilidade em doentes com apendicite aguda.

Diagnóstico	Grupo de controlo* n=226		Grupo experimental* n=173	
	Abs	%	Abs	%
CHD: cardiosclerose aterosclerótica, hipertensão de grau II-III	11	4,9	9	5,2
Gastroduodenite crónica	8	3,5	6	3,5
Obesidade de grau II-III	11	4,9	7	4,1
Diabetes mellitus, tipo I e II	5	2,2	3	1,7

Nota:

* - A diferença entre os grupos não foi estatisticamente significativa (p>0,05).

No período pós-operatório para os pacientes com doenças concomitantes foi aplicado tratamento sintomático e monitorização da pressão arterial, pulso, foi realizada eletrocardiografia.

No pré e pós-operatório de 5 pacientes com apendicite aguda no grupo controle e de 3 pacientes no grupo experimental, com concomitância de diabetes mellitus tipo I e II, foi realizada a correção da hiperglicemia pela insulina.

A natureza dos procedimentos cirúrgicos, aplicados aos doentes do grupo de controlo e do grupo experimental, é apresentada na Tabela 5.6.

Tipos de intervenções cirúrgicas aplicadas aos doentes do grupo de controlo e do grupo experimental.

Tipos de intervenções cirúrgicas	Grupo de controlo n=226		Grupo experimental n=173	
	Número	%	Número	%
Apendicectomia clássica e	226	100		

drenagem abdominal				
Apendicectomia de acordo com o método desenvolvido e drenagem da cavidade abdominal			173	100
Total	226	100	173	100

Nota:

Todos os doentes dos grupos controlado e experimental foram operados, pelo que a atividade cirúrgica foi de 100%.

Deve notar-se que a apendicectomia de acordo com o método desenvolvido inclui a injeção intra-operatória e intratecal através da base do apêndice na cavidade do ceco de uma dose única de solução probiótica, com a sua subsequente ingestão oral de 5 ml. três vezes por dia durante 6 dias. De acordo com o nosso método, de Bezrodnyi B.G., Iovitsa A.V., Martynovich L.D., Moiseenko A.I .(2011) (patente de modelo de utilidade da Ucrânia №43078 datada de 27.07.2009) foram realizadas 173 intervenções cirúrgicas. "O método de tratamento cirúrgico de apendicite aguda e reparação de microbiocenose do cólon" (№577 / 37/12) entrou no Registo de inovações da indústria (2011-2012.).

A drenagem da cavidade abdominal foi efectuada utilizando métodos avançados de drenagem abdominal de Iovitsa A.V. (2013), que incluíam

• método de entrada de drenagem na cavidade pélvica com a ajuda do condutor;

• condutor para a instalação de um tubo de drenagem;

• drenagem para drenar a cavidade abdominal.

De acordo com esta metodologia, efectuámos a drenagem da cavidade abdominal a 173 doentes do grupo experimental.

Conductor (patente de modelo de utilidade da Ucrânia №39133 de 10.02.2009), é um tubo cilíndrico oco com um limitador tipo olivo na extremidade distal, que protege os órgãos internos e o tecido circundante de lesões e tem na extremidade proximal a pega cilíndrica com um bocal para bombas eléctricas.

A maneira de introduzir a drenagem na cavidade pélvica por meio de um condutor (patente de modelo de utilidade da Ucrânia №37905 de 10.12.2008), inclui a entrada do condutor na cavidade abdominal através da contra-abertura e segurando o guia de canal dentro do condutor do tubo de drenagem, depois que o condutor é removido da cavidade abdominal, em que o tubo de drenagem é deixado na cavidade pélvica.

A drenagem para a realização da drenagem da cavidade abdominal (patente de modelo de utilidade da Ucrânia №43815 de 25.08.2009), consiste em três costelas em forma de T uniformemente definidos, que por sua vez consistem em três canais de drenagem, e no núcleo do dispositivo há o canal cilíndrico com o buraco final para a injeção de drogas antibacterianas.

A informação sobre as complicações da apendicite aguda dos doentes dos grupos de controlo e experimental é apresentada na Tabela 5.7.

Quadro 5.7

As complicações da apendicite aguda são encontradas durante a cirurgia dos pacientes com apendicite aguda

Tipos de complicações	Grupo de controlo * n=226		Grupo experimental* n=173	
	Abs.	%	Abs.	%
Peritonite localizada	226	100	173	100
Abcesso do apêndice	4	1,8	3	1,7
Infiltrado do apêndice	5	2,2	4	2,3
Tiflite	11	4,9	8	4,6

Nota:

* - A diferença entre o grupo de controlo e o grupo experimental é estatisticamente insignificante (p> 0,05).

Estes dados indicam a presença de peritonite local em 100% dos doentes do grupo de controlo e em 100% dos doentes do grupo experimental.

Na nossa prática clínica, utilizamos a classificação de peritonite aguda de K.S. Simonyan (1971).

Peritonite pela natureza do exsudado:

• **Serosa** - em 34,5% dos doentes do grupo de controlo e 34,1% do grupo experimental;

• **Seroplástica (serozno-fibrinoznyy)** - em 47,8% dos doentes do grupo de controlo e

46,8% dos doentes do grupo experimental;

• **Fibropurulenta (fibrinozno-festering)** - em 17,7% dos doentes do grupo de controlo e 19,1% dos doentes do grupo experimental.

O abcesso apendicular ocorreu em 4 doentes (1,8%) do grupo de controlo e em 3 doentes (1,7%) do grupo experimental. Os doentes foram submetidos a apendicectomia e drenagem da cavidade abdominal.

Infiltrados apendiculares - em 5 pessoas (2,2%) no grupo de controlo e em 4 doentes (2,3%) no grupo experimental. Houve infiltração apendicular solta, o que não constitui uma contraindicação para o tratamento cirúrgico. Os doentes foram igualmente submetidos a uma apendicectomia e a uma drenagem da cavidade abdominal.

Tiflite - em 11 doentes (4,9%) no grupo de controlo e em 8 doentes (4,6%) no grupo experimental. Os doentes foram submetidos a apendicectomia e drenagem da cavidade abdominal.

Os dados relativos às complicações pós-operatórias dos doentes do grupo de controlo e do grupo experimental são apresentados na Tabela 5.8.

Quadro 5.8

Complicações pós-operatórias dos pacientes com apendicite aguda, de acordo com a classificação de Matyashin I.M. (1974).

Tipos de complicações	Grupo de controlo n=226		Grupo experimental n=173	
	Abs.	%	Abs.	%
Infiltrar-se na ferida cirúrgica	7	3,1	0	0
Supuração da ferida pós-operatória	8	3,5	0	0
Abcessos abdominais	2	0,9	0	0
Obstrução intestinal adesiva pós-operatória precoce	6	2,6	0	0

Complicações funcionais				
Doença	75	33,2	0	0
Paresia intestinal pós-operatória	151	66,8	0	0

A proporção de complicações pós-operatórias no tratamento cirúrgico dos doentes do grupo de controlo foi de 10,1%. 7 pacientes (3,1%) tiveram infiltração pós-operatória da ferida cirúrgica, 8 pacientes (3,5%) tiveram supuração das feridas pós-operatórias. 2 doentes (0,9%) tiveram abcessos abdominais e 6 doentes (2,6%) tiveram obstrução intestinal adesiva no pós-operatório precoce.

É de salientar a presença de **complicações funcionais** no pós-operatório nos doentes do grupo de controlo:

- 33,2% dos doentes referiram-se a doença;

- 66,8% dos doentes sofreram de paresia intestinal pós-operatória. Clinicamente, manifesta-se por flatulência e atraso no restabelecimento das funções de evacuação motora do intestino.

No grupo experimental não se registaram complicações funcionais.

Não se registaram complicações pós-operatórias nos doentes do grupo experimental.

A mortalidade pós-operatória nos doentes dos grupos de controlo e experimental também está ausente.

CAPÍTULO 6

CORRECÇÃO DA MICROBIOCENOSE DO CÓLON DE DOENTES COM APENDICITE AGUDA

SECÇÃO 6.1. COMPOSIÇÃO DE ESPÉCIES E NÍVEL POPULACIONAL DA MICROFLORA DO CÓLON DE PACIENTES COM APENDICITE AGUDA

Apendicite aguda - uma inflamação inespecífica infecciosa local do apêndice, que se desenvolve como resultado das mudanças entre o corpo humano e os micróbios sob a influência dos factores de agressão e defesa, após Rostovtsev M.I. (1902), Kolesov V.I. (1972), M.I. Prudkov, Piskunov S.V., Nikiforov A.I. (2001), Vladimir Pronin, Boyko V.V. (2007), V.V. Mikhailovich (2009) . Ao mesmo tempo, vários autores Fadeenko G.D. (2010), Vandenplas Y. (2011) , Maja Jakesevic (2011), Boyko T.Y., Sorochan O.V., Tropko L.V. et al. (2012) provaram que uma violação da microbiocenose do cólon é uma das causas de alterações inflamatórias na sua membrana mucosa, carácter torpe, apresentação clínica atípica e desenvolvimento de complicações. Durante o desenvolvimento da doença ocorre a eliminação e uma verdadeira escassez de flora anaeróbia útil e a contaminação por microrganismos patogénicos e condicionalmente patogénicos do intestino em geral, depois de Shmielewska A. Szajewska N. (2010), ZvyagintsevaT.D., ShernobyA.I. (2010), Daniela CU Cavallinietal (2011), Kerimov E.A. (2011), Babak O.Ya, Fadeenko G.D., Sytnyk K.A. (2012), KharchenkoN.V., MarukhnoI.S., KharchenkoV.V., Korulya I.A. (2012). Um fator importante no desenvolvimento de apendicite aguda é uma violação da microbiocenose do cólon, que também afecta negativamente a imunidade local do microrganismo, após Shreiner A., Huffnagle G.B., Noverr M.C. (2008) e, como resultado, desenvolve uma acumulação crítica de microflora condicionalmente patogénica de virulência aumentada.

Em relação à violação da microbiocenose do cólon aumenta drasticamente a quantidade e a composição de espécies da microflora patogénica. O que retarda a promoção do conteúdo intestinal e como consequência do desenvolvimento de paresia do intestino. Como resultado, há uma proliferação intensa de microflora condicionalmente patogénica,

34

a ativação da fermentação e putrefação nos intestinos.

Deve-se notar que para a correção da microflora intestinal prejudicada são utilizados antibióticos, prebióticos e probióticos, após Grinevich V.B. (2003), Ovcharenko L.S., Vertegel A.A., Andrienko T.G., Samokhin I.V. (2005), B.A. Efimov (2005), Andreeva I.V. (2006), Parkhomenko L.K., Repeteva E.V. (2006), Roberts R., Hartman B. (2008), Yermolenko D.K, Yermolenko E.I, Isakov V.A (2008), Levitsky A.P., Volyanskiy Y.L, Skidan K.V (2008), Koo H.L., DuPont H.L. (2010), Zakharenko S.M. (2010), Orlova N.A (2010), Koning C.J.M. (2011), Lemishevs'kyi V.M. (2011), Perederiy V.G., Kozlov V.O., Syzenko G.K. (2011), Chikhacheva E. (2011) , Tiazhka O.V., Pochinok T.V., Kazakova L.M. et al. (2011), Agafonov N. (2013) , Ursova N.I. (2013), Maidannyk V.G. (2013), Prokhorov E.V., Kobets V.N., Ostrovskyi I.M. (2014), Kranina D.L., Fedorov N.I., Kazakov S.P., Nazarov D.A. (2014) , Tarasenko N.A., Filippova E.V. (2014).

As indicações para a utilização de antibióticos são:

1. Crescimento bacteriano excessivo no intestino;

2. A translocação de bactérias intestinais para fora do cólon;

3. Processos inflamatórios no intestino;

4. A identificação da microflora condicionalmente patogénica nos intestinos;

5. A falta de efeito do tratamento sem uma descontaminação do intestino.

Deve-se notar que a terapia antibiótica, por sua vez, reforça ainda mais as violações disbióticas nos intestinos, depois de Posokhova K.A., Viktorov O.P. (2004), Ovcharenko L.S., Vertegel A.A., Andrienko T.G., Samokhin I.V. (2005), Andrikevich I.I. (2007), Othman M., AgueroR., Lin H.C. (2008), Spiller R., Garsed K. (2009), Balassiano I.T., Santos-Filho J., Barros de Oliveira M.P. et al. (2010), Lang F.C. (2010), Lyamin A.V., Andreev P.S., Zchestkov A.V., Zhukov B.N. (2010), Polyak M.S. (2010), Posternak G.I., Tkacheva M.Yu. (2010), Hapon M.N., Ternovskaya L.N. (2010), Haertynov H.S., Anokhin V.A. (2010), Hickson M. (2011), Quigley E.M. (2011), Rehman A., Heinsen F.A., Venema K., Koenen M. et al. (2011), Ryabchuk F.N., Suvorov M.A. (2011), Dyachenko P.A. (2012), Hempel S., Newberry S.J., Maher A.R. et al. (2012), Kopcha V.S., Andreychin M.A., Rebenok Zh.O. (2012), Lineva Z.E., Gulyaev N.A., Romanova

M.V. (2012), Tolemisova A.M. (2012) , Holyar O.I., Sydorchuk I.Y. (2013) Kruglyakova L.V. (2013), Shevola D., Dmitrieva N.V. (2013), Kildiyarova R.R., Denisov M. (2014), Kramar L.V., Rodionov N.V., Arov A.A. (2014), Babak O.Y., Bashkirov A.D. (2015).

Os produtos metabólicos e as toxinas produzidos pela microflora condicionalmente patogénica reduzem a função de desintoxicação do fígado, inibem a reatividade imunológica do organismo e quebram a função de evacuação motora do intestino, o que agrava as circunstâncias durante o período pós-operatório e contribui para o desenvolvimento de complicações pós-operatórias.

Por isso, é conveniente examinar a natureza das violações das espécies e a composição quantitativa dos microrganismos autóctones e alóctones no cólon, que podem ser um gatilho no desenvolvimento de alterações inflamatórias e destrutivas na parede do apêndice. A influência de exotoxinas e endotoxinas no macro-organismo leva a graves violações do metabolismo e das funções secretoras dos órgãos, bem como à perturbação dos processos tróficos nos tecidos e órgãos. A microflora do cólon está em estreita relação com os representantes da microflora normal de outros espaços abertos e influência ativa na vida do corpo humano Walker W.A. (2005), Klyaritskaya I.L., Viltsanyuk I.A. (2007), Bondarenko V.M. (2010), Koning C.J., Jonkers D., Smidt H. et al. (2010), Lee Y.K., Mazmanian S.K. (2010), Patel R.M., Lin P.W. (2010) , Deshpande G., Shripad R., Patole S. (2011), Bondarenko V.M. (2011), Vasileva O.G. (2011), Loranskaya I.D., Lavrent'ev O.A. (2011), Johnson C.L., Versalovic J. (2012), Reid G. (2012), Skrypnyk I.M. (2013), Vandenplas Y., De Greef E., Devreker T. et al. (2013), Sulima M.V., Soluyanova I.P., Kruglyakova L.V. (2014), Kipshakbayev R.K., Kipshakbaeva F.M. (2014).

Os representantes da microflora autóctone obrigatória normal do cólon são capazes de sintetizar vitaminas, aminoácidos livres, substâncias bioactivas que estimulam o aparelho linfoide do trato gastrointestinal a manter a um nível adequado os factores e mecanismos de proteção imunitária inespecífica e específica do organismo humano.

De acordo com os dados da literatura atual de Shabanov N.A., Gostieva V.V., Klitsunova N.V. et al. (2009), Stremoukhov A.A., Kireyev N.V. (2010), Sanders M.E., Akkermans L.M., Haller D. (2010), Bogadelnikov I.V. (2011), Kostyukevich O.I. (2011), Preidis G.A., Hill C., Guerrant R.L. et al. (2011), Aryaev N.L., Starikov A.A., Truhalskaya V.V.

(2012), Clarke G., Cryan J.F., Dinan T.G. et al. (2012), Voyda Y.V., Solonina N.L. (2012), Mazur O.O., Sydorchuk L.I., Plaksyvyi O.G. (2013) , Tkach S.M., Puchkov K.S. (2014) a microflora obrigatória da microbiota intestinal é apresentada por bactérias anaeróbias açucaradas:

- Bifidobacterium,

- Lactobacillus,

- Propionibacterium,

- Bacteroides.

Destas bactérias, os simbiontes mais fisiológicos para o corpo humano são os simbiontes dos géneros Bifidobacterium e Lactobacillus, bem como as espécies "clássicas" do género Propionibacterium, segundo Jankowski, D.S., Dyment G.S. (2008), Sherman P.M., Ossa J.C., Johnson-Henry K. (2009), Guarner F., Requena T., Marcos A. (2010), Valles Y., Gosalbes M.J., L.E. de Vriesetal. (2010), Ejtahed H.S., Mohtadi-Nia J., Homayouni-Rad A. et al. (2011), Flint H.J. (2012), Dyadyk A.I., Chubenko S.S., Gaidukov V.O. et al. (2012), Ardatskaya M.D. (2014). Este grupo de anaeróbios Gram-positivos, asporogénicos e açucarados é dominante na microbiocenose e desempenha um papel importante na manutenção do estado fisiológico normal da microbiocenose, após Zubkov M.N. (2005), Camilleri M. (2009), Tana C., Umesaki Y., Imaoka A. et al. (2010), Bondarenko V.M., Ryabichenko E.V. (2010), Cordina C. , Shaikh I., Shrestha S. (2011), Hungin A.P., Mulligan C., Pot B. (2013), Karlsson F., Tremaroli V., Nielsen J., Backhed F. (2013), Smits L.P., Bouter K.E., De Vos W.M. et al. (2013).

A relação do corpo humano com representantes das bactérias anaeróbias Gram-negativas do género Bacteroides, é o fator mais intenso e quando as condições de simbiose mudam, pode passar rapidamente para um estado de agressão mútua, depois de Ardatskaya M.D. (2010), Odinets T.M., Karimov I.Z., Shmoylov D. K. et al. (2011), Sharon K. Kuss, Gavin T. Best, Chris A. Etheredge (2011), Hamilton M.J., Weingarden A.R., Sadowsky M.J., Khoruts A. (2012), Honda K., Littman D.R. (2012), Khanna S., Baddour L.M., Huskins W.C. et al. (2013), Surawicz C.M., Brandt L.J., Binion D.G. et al. (2013) Gasilina T.V. (2014).

Representantes facultativos da microbiocenose:

- Escherichia,

- Enterococcus,

- Fusobacterium,

- Peptostreptococcus,

- Clostridium,

- Eubacterium et al.

É certo que estes representantes da microbiocenose têm uma série de funções fisiológicas importantes para o organismo como um todo. Em particular, as espécies aeróbias utilizam o oxigénio, criando vantagens selectivas para as bactérias anaeróbias açucaradas sem poros que constituem o elo mais fisiológico da microbiocenose.

A microflora facultativa sintetiza compostos biologicamente activos, ativa o sistema imunitário e está envolvida no metabolismo de uma variedade de compostos. No entanto, a parte predominante dos organismos facultativos é apresentada por espécies condicionalmente patogénicas, que em caso de aumento das populações patológicas podem causar complicações graves de natureza infecciosa, após Bakken J.S., Borody T., Brandt L.J. et al. (2011) , Gough E., Shaikh H., Manges A.R. (2011), Maydannik V.G. (2011), Savchenko T.N., Kramar V.S. (2011), Mercer M., Brinich M.A., Geller G. et al. (2012) , Rubin T.A., Gessert C.E., Aas J., Bakken J.S. (2013), Dmitrieva N.V., Klyuchnikova I.A., Shilnikova I.I. (2014), Sha S., Liang J., Chen M. et al. (2014).

Por conseguinte, a sua representação na microbiocenose saudável é sempre limitada em quantidade e está sob a supervisão constante do macroorganismo e dos seus microrganismos não patogénicos amigos.

Microflora transitória:

- Citrobacter,

- Enterobacter,

- Proteus,

- Klebsiella,

- Morganella,

- Serratia,

- Hafnia,

- Kluyvera,

- Staphylococcus,

- Pseudomonas,

- Bacilo

Esta microflora transitória consiste principalmente em representantes listados externamente, depois de Klyaritskaya I.L., Viltsanyuk I.O. (2007), Iskhakov H.I., Shadmanov N.A., Sigalov D.O. (2010), Borody T.J., Campbell J. (2011), Nagalingam N.A., Lynch S.V. (2012), Vrieze A., Van Nood E., Holleman F. et al. (2012), Anderson J.L., Edney R . J., Whelan K. (2012), Dudnikova E.V., Kobzev N.N., Parish E.S. (2013). Entre eles podemos encontrar os representantes com elevado potencial agressivo que, em caso de enfraquecimento das funções protectoras da microflora obrigatória, são capazes de aumentar drasticamente a população e causar o desenvolvimento de processos patológicos.

De acordo com a natureza da localização da microflora normal, divide-se em:

- Mucosa.

- Parietal.

- Translúcido.

Localização da microflora mucosa e parietal, após Chernin V.V. (2011), Kahn S . A., Young S., Rubin D.T. (2012), Yatsunenko T., Rey F.E., Manary M.J. et al. (2012), Parfenov A.I, Bondarenko V.M. (2012), Loranskaya I.D., Boldyrev M.N., Trofimov D.Yu, Lavrent'ev O.A. (2013), Rybal'chenko O.V., Bondarenko V.M., Orlov O. (2013) Fadeenko G.D., Bogun L.V. (2013) corresponde ao grau da sua anaerobiose: os anaeróbios obrigatórios (bifidobactérias, bacteroides, bactérias do ácido propiónico e outras) ocupam um nicho em contacto direto com o epitélio, os anaeróbios aerotolerantes (lactobacilos e outros), os anaeróbios facultativos e os aeróbios. A microflora translúcida é a mais mutável e sensível a vários choques exógenos. Mudanças na dieta, exposição ambiental, terapia médica, influenciam especialmente a microflora translúcida, após Nesvizhsky Y. (2007), Gupta V., Garg R. (2009), Chen C.C. et al. (2010), Gale K. (2010), Moayyedi P., Ford A.C., Talley N.J. et al. (2010), Qin J., Li R., Raes J. et al. (2010), Sava I.G., Heikens E., Kropec A. et al. (2010), Curly Yuri Oganesyan T.S. (2010), Lnyavina V.M., Assumption Y.P., Alekhine G.A. et al. (2010), Suvorov A.V., Alekhine G.G. (2010), Chernin, V.V., Bondarenko V.M., Chervinets V.M., Bazlov S.N. (2011), Tolemisova A.M. (2012), Petrof E.O., Gloor G.B., Vanner S.J. et al. (2013), Chernin V., Parfenov A.I., Bondarenko V.M. et al. (2013).

Por isso, é urgente analisar as alterações na natureza da microflora do cólon dos doentes com formas destrutivas de apendicite aguda, que podem melhorar os resultados da terapia do doente.

Com o objetivo de determinar o estado da microecologia abdominal e a resistência à colonização da mucosa do cólon, foram examinados 226 doentes do grupo de controlo com apendicite aguda destrutiva e 173 doentes do grupo experimental. Para além do estudo das queixas, da anamnese, do exame físico, complementado por pesquisas laboratoriais, morfológicas e ecográficas, foi efectuado o estudo da composição das espécies e do nível populacional da flora do cólon e da mucosa do apêndice.

O estudo das espécies e da composição quantitativa da microflora foi determinado pelo grau de disbiose intestinal. Efectuámos cálculos da frequência de deteção da taxa de um determinado tipo e do número de unidades formadoras de colónias de microrganismos autóctones e alóctones em 1 g de fezes.

A composição de espécies da microflora no cólon dos doentes com apendicite aguda é apresentada no Quadro 6.1.

A composição das espécies da microflora no cólon dos pacientes com apendicite aguda

Microflora	Grupo de controlo (n=226)		Grupo experimental (n=173)	
	Quantidade de estirpes	%	Quantidade de estirpes	%
Microrganismos anaeróbios				
Bifidobactérias	114	50,4	90	52,1
Lactobacilos	110	48,7	82	47,4
Bacteroides	221	97,8	166	95,9
Bactérias aeróbicas				
Escherichia coli	117	51,8	91	52,6
Citrobacter	14	6,2	10	5,8
Enterobacter cloacae	20	8,8	19	10,9
Klebsiella	11	4,9	12	6,9
Enterococcus faecalis	10	4,4	12	6,9
Staphylococcus aureus	17	7,5	17	9,8
Cândida	56	24,8	42	24,3

Nota: A diferença entre os grupos não foi estatisticamente significativa (p>0,05 para o critério χ^2).

É de salientar que, em doentes com formas destrutivas de apendicite aguda, a flora oral dominante do cólon é:

• Bacteroides - em 97,8% dos doentes do grupo de controlo e em 95,9% dos doentes do grupo experimental;

• E. coli - em 51,8% e 52,6% dos doentes nos grupos de controlo e experimental, relativamente;

• Bifidobactérias - em 50,4% e 52,1% dos doentes dos grupos de controlo e experimental, relativamente;

• Lactobacilos - em 48,7% dos doentes do grupo de controlo e em 47,4% dos doentes do grupo experimental.

Uma caraterística especial dos resultados do nosso estudo é que as espécies de leveduras Candida foram semeadas a partir da microflora do cólon em 24,8% dos doentes do grupo de controlo e em 24,3% dos doentes do grupo experimental.

A microflora do cólon dos doentes dos grupos de controlo e experimental é apresentada na Figura 6.1.

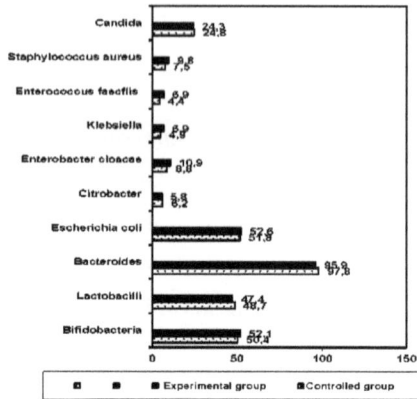

Figura 6.1. A microflora do cólon dos doentes dos grupos de controlo e experimental.

Como se pode ver na imagem, é de salientar a pequena quantidade de bifidobactérias em 50,4% dos doentes do grupo de controlo e em 52,1% do grupo experimental.

O número de lactobacilos também diminuiu em 48,7% dos doentes do grupo de controlo e em 47,4% dos doentes do grupo experimental.

É de salientar a presença de microflora patogénica: Enterobacter cloacae, Citrobacter, Klebsiella, fungos de levedura do género Candida.

Para mais informações sobre o estado da microecologia da flora intestinal, consultar os resultados do estudo da mucosa do apêndice.

A composição das espécies da microflora da membrana mucosa do apêndice dos doentes dos grupos de controlo e experimental é apresentada na Tabela 6.2.

Composição das espécies da microflora da membrana mucosa do apêndice dos pacientes com apendicite aguda

Microflora	Grupo de controlo (n=226)		Grupo experimental (n=173)	
	Quantidade de estirpes	%	Quantidade de estirpes	%
Microrganismos anaeróbios				
Bifidobactérias	98	43,4	76	43,9
Lactobacilos	91	40,3	69	39,9
Bactérias aeróbicas				
Escherichia coli	109	48,2	87	50,3
Citrobacter	11	4,9	16	9,2
Enterobacter cloacae	13	5,7	16	9,2
Klebsiella	11	4,9	7	4,1
Enterococcus faecalis	13	5,7	12	6,9
Staphylococcus aureus	15	6,6	16	9,2
Levedura Espécies de Candida	45	19,9	38	21,9

Nota:

A diferença entre os dois grupos é estatisticamente insignificante (p>0,05 para o critério $\chi 2$).

Como se pode ver na Tabela 6.2, reduziu-se significativamente o nível da população de bactérias autóctones obrigatórias: lactobacillus e bifidobacteria. Existe uma elevada percentagem de sementeira de Bacteroides no grupo de controlo e nos doentes do grupo experimental. Além disso, chama-se a atenção para uma elevada percentagem de sementeira de fungos de levedura do género Candida em 19,9% dos doentes do grupo de controlo e em 21,9% dos indivíduos do grupo experimental. O contexto da deficiência da microflora normal dos representantes da membrana mucosa do apêndice é um nível elevado de microflora patogénica: citrobacter, enterobacter cloacae, klebsiella, staphylococcus aureus.

O exame bacteriológico da mucosa do apêndice e do exsudado abdominal, com o objetivo de identificar a microflora anaeróbia, foi realizado em 113 doentes do grupo de controlo e em 123 doentes do grupo experimental.

Nesta microflora anaeróbia encontrada em 100% dos casos, como na mucosa do apêndice e no exsudado da cavidade peritoneal e foi representada por:

- **Bacteroides cereus.**
- **Bacteroides fragilis.**

Quadro 6.3

Microflora anaeróbia da membrana mucosa do apêndice

Microflora	Grupo de controlo (n=113)		Grupo experimental (n=123) *	
	Abs.	**%**	**Abs.**	**%**
Bacteroides fragilis	113	100	123	100
Bacillus cereus	113	100	123	100

Nota:

* - A diferença é estatisticamente insignificante (p>0,05) na frequência e sementeira de Bacteroidesfragilis Bacillus cereus no grupo experimental em relação ao grupo de controlo.

Quadro 6.4

Microflora anaeróbia exsudado abdominal

Microflora	Grupo de controlo (n=113)		Grupo experimental (n=123)*	
	Abs.	**%**	**Abs.**	**%**
Bacteroides fragilis	113	100	123	100
Bacillus cereus	113	100	123	100

Nota:

*- A diferença é estatisticamente insignificante (p>0,05) na frequência e sementeira de Bacteroidesfragilis Bacillus cereus no grupo experimental em relação ao grupo de controlo.

Por isso, Iovitsa A. (2009), Bezrodnyi B.G., Drannik G.M., Iovitsa A.V. et al. (2011), Bezrodnyi B.G., Iovitsa A.V., Martinovich L.D. et al. (2011), Iovitsa A.V. (2011) **argumentam que o principal fator no desenvolvimento de alterações destrutivas e inflamatórias no apêndice é a microflora aeróbica e anaeróbica.**

A caraterização quantitativa da microflora da membrana mucosa do apêndice dos doentes dos grupos de controlo e experimental é apresentada na Tabela 6.5.

Caracterização quantitativa da microflora da membrana mucosa do apêndice dos pacientes com apendicite aguda

Microflora	As formas de apendicite aguda			P*
	Fleumático n=242	Gangrenoso n=125	Gangrenoso perfurado n=32	
Bifidobactérias	$7,3x10^4 \pm 3x10^2$	$1,0x10^2 \pm 0,28x10^2$	$0,2x10^2 \pm 12$	<0,01
Lactobacilos	$2,4x10^2 \pm 50$	$1,8x10^2 \pm 24$	0	<0,01
Bacteroides	$3,2x10^{10} \pm 1,4x10^2$	$2,0x10^{12} \pm 2,3x10^2$	$1,9x10^{13} \pm 0,4x10^4$	<0,01
Enterobactercloacae	$1,5x10^5 \pm 0,4x10^2$	$2,1x10^6 \pm 1,4x10^2$	$3,1x10^8 \pm 2,5x10^2$	<0,01
Enterococcus faecalis	$2,4x10^4 \pm 130$	$8,2x10^5 \pm 540$	$2,8x10^4 \pm 730$	<0,01
Cândida	$3,9x10^5 \pm 120$	$4,7x10^5 \pm 210$	$6,5x10^6 \pm 140$	<0,05

Nota:

* - Avaliação do critério F Teste de Kruskal-Wallis.

É de salientar que, com a progressão do processo inflamatório destrutivo na mucosa do apêndice, o número de Bacteroides aumentou de $3,2x10^{10} \pm 1,4- 10^2$ (CFU / g de fezes) nas formas de abcesso da apendicite aguda para $1,9x10^{13} \pm 0,4- 10^4$ (CFU / g) nas formas gangrenadas-perfuradas (p <0,01).

Ao mesmo tempo, praticamente não há bactérias do ácido lático na microflora da membrana mucosa na apendicite gangrenosa aguda perfurada e o número de bifidobactérias nesses pacientes é reduzido para $0,2x10^2 \pm 12$ CFU / g (p <0,01). O número de enterococos também mudou de $2,4x10^4 \pm 130$ para $2,8x10^4 \pm 730$ CFU / g (p <0,01). Aumento notável no grau de semeadura de enterobactérias $1,5x105 \pm 0,4x10^2$ CFU / g formas de abscesso de apendicite aguda, para $3,1x10^8 \pm 2,5x10^2$ CFU / g- gangrenoso perfurado (p <0,01). Aumento especialmente notável na sementeira de fungos de levedura do género Candida em $3,9x10^5 \pm 120$ CFU / g formas de abcesso de apendicite aguda, para $6,5x10^6 \pm 140$ CFU / g -perfurado gangrenoso (p <0,05).

Os resultados mostram alterações quantitativas na microflora da membrana mucosa do apêndice. Em particular, verificou-se uma redução significativa do nível da população autóctone de bactérias obrigatórias: lactobacilos e bifidobactérias, que ocorreu num contexto de deficiência de representantes normais da microflora da mucosa. Além disso, verifica-se um aumento dos níveis populacionais de bacteróides condicionalmente patogénicos, enterobactérias e fungos de levedura do género Candida. Tais alterações na microflora da mucosa do apêndice de pacientes com apendicite aguda mostram o desenvolvimento de distúrbios disbióticos que manifestam o crescimento descontrolado de bactérias atípicas de indivíduos saudáveis e leva à intoxicação endógena micro-organismo, supressão de mecanismos de defesa locais, o desenvolvimento de processo inflamatório e destrutivo na mucosa do apêndice e contribui para o desenvolvimento de complicações pós-operatórias.

A caraterização quantitativa da microflora da membrana mucosa do apêndice em doentes com apendicite aguda é apresentada na figura. 6.2.

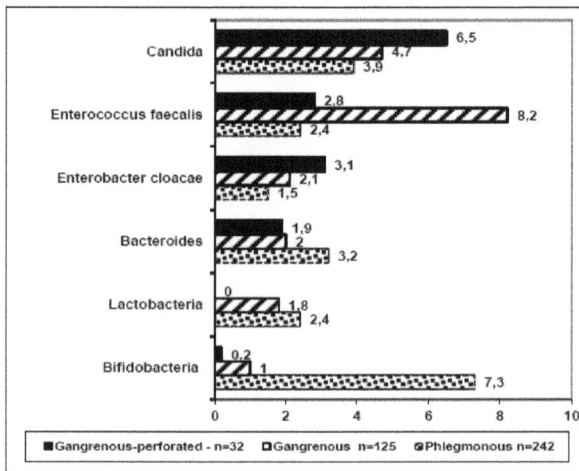

Imagem. 6.2. Caracterização quantitativa da microflora da membrana mucosa do apêndice em doentes com apendicite aguda.

Estes dados indicam que com a progressão do processo inflamatório destrutivo no apêndice, na sua mucosa ocorre uma alteração quantitativa significativa da microflora. Com a progressão da destruição no apêndice aumenta significativamente o número de Bacteroides (p <0,01), Enterobacteriaceae (p <0,01), fungos leveduriformes do género Candida (p <0,05), de modo que há a opressão das populações de lactobactérias (p <0,01) e bifidobactérias (p <0,01) e como resultado aumenta a profundidade e a extensão da destruição na parede do apêndice.

Simultaneamente com o estudo da microflora oral, da microflora do cólon e da mucosa do apêndice, procedeu-se ao exame bacteriológico do líquido da cavidade abdominal de 399 doentes com formas destrutivas de apendicite aguda complicada por peritonite local: serosa, seroplástica e fibrinopurulenta.

A composição de espécies da microflora do exsudado da cavidade abdominal em doentes com apendicite aguda é apresentada na Tabela 6.6.

Quadro 6.6

A composição das espécies da microflora exsudativa da cavidade abdominal em doentes com apendicite aguda

Microflora	Formas de apendicite aguda						Total n=399
	Fleumático n=242		Gangrenoso n=125		Gangrenoso perfurado n=32		
	Abs.	%	Abs.	%	Abs.	%	
Escherichia coli	117	48,3	54	43,2	13	40,6	184
Enterobacter aerogenes	0	0	6	4,8	8	25	14
Enterobacter cloacae	3	1,2	3	2,4	10	31,2	16
Citrobacter	4	1,6	6	4,8	10	31,2	20
Klebsiella spp.	3	1,2	3	2,4	7	21,9	13
Pseudomonas aeruginosa	6	2,5	7	5,6	13	40,6	26
Staphylococcus aureus	7	2,9	6	4,8	11	34,4	24
Staphylococcus epidermidis	4	1,6	6	4,8	5	15,6	15
Streptococcus haemolyticus	3	1,2	3	2,4	5	15,6	11
Enterococcus faecalis	3	1,2	6	4,8	7	21,9	16
Cândida	14	5,8	19	15,2	31	96,9	64

Nota:

P>0,05 - a diferença entre os dois grupos é estatisticamente insignificante.

47

O exame bacteriológico do líquido da cavidade abdominal, com o objetivo de identificar a microflora anaeróbia, foi realizado em 113 doentes do grupo de controlo e em 123 doentes do grupo experimental, como se mostra na Tabela 6.7.

Quadro 6.7

Microflora anaeróbia do líquido da cavidade abdominal

Microflora	Formas de apendicite aguda						Total n=236
	Fleumático n=242		Gangrenoso n=125		Gangrenoso-perfurado n=32		
	Abs.	%	Abs.	%	Abs.	%	
Bacteroides fragilis	99	40,9	107	85,6	30	93,7	236

O estudo mostra que a progressão da inflamação no apêndice aumenta drasticamente o número de Bacteroides fragilis, de 40,9% na forma de abcesso de apendicite aguda para 93,7% na forma gangrenosa e perfurada. Além disso, um número crescente de fungos do tipo levedura Candida de 5,8% para 96,9%.

Consequentemente, os membros dominantes da flora oral do cólon em doentes com apendicite aguda são Bacteroides, Escherichia coli, e também se encontra microflora patogénica: Enterobacter cloacae, Citrobacter, Klebsiella, fungos de levedura do género Candida.

Entre a microflora da mucosa do apêndice em doentes com apendicite aguda também predomina Bacteroides, Escherichia coli, Enterobacter cloacae, sitrobacter, klebsiella, staphylococcus aureus e fungos do género Candida. O exsudado da cavidade abdominal em pacientes com apendicite aguda também encontrou essa microflora, de forma idêntica à microflora oral da microflora do cólon e da mucosa do apêndice.

Assim, os resultados do estudo da composição das espécies e do nível populacional da microflora da mucosa do cólon do apêndice, e do líquido da cavidade abdominal em doentes com apendicite aguda, de acordo com as violações profundas da microecologia da cavidade do cólon; por eliminação e redução significativa dos níveis populacionais de bifidobactérias e lactobacilos anaeróbios obrigatórios fisiologicamente benéficos, a contaminação de bacteróides oportunistas, Enterobacteriaceae, fungos de levedura do género Candida.

Todos os resultados acima mencionados apontam para a necessidade de encontrar métodos e meios para melhorar a prevenção e o tratamento da disbiose em doentes com apendicite aguda, no que diz respeito ao restabelecimento da microbiota intestinal normal e à prevenção de complicações pós-operatórias.

SECÇÃO 6.2. A EFICÁCIA DOS PROBIÓTICOS NA MICROFLORA INTESTINAL DE PACIENTES COM APENDICITE AGUDA

O estudo foi realizado através da análise comparativa dos resultados do tratamento de 226 pacientes no grupo controlado, que tomou o tratamento padrão. Os pacientes do grupo experimental, juntamente com a terapia antibiótica padrão (a ordem do Ministério da Saúde da Ucrânia №297, datada de 02.04.2010 anos) recebeu um probiótico que contém uma suspensão de esporos de Bacillus clausii no intra-operatório com mais ingestão oral no pós-operatório. De acordo com o nosso modo de Bezrodnyi B.G., Iovitsa A.V. Martynovich L.D., Moiseenko A.I. (2011), foram efectuadas 173 intervenções cirúrgicas. "O método de tratamento cirúrgico da apendicite aguda e reparação microbiocenosis cólon" (№577 / 37/12) entrou no Registro de inovações da indústria (2011-2012.).

Estudámos a espécie e a composição quantitativa do conteúdo do cólon. O estudo foi efectuado em diferentes fases: antes da cirurgia e no momento da alta hospitalar.

A composição de espécies da microflora no cólon oral de doentes com apendicite aguda antes da cirurgia é apresentada na Tabela 6.8.

Quadro 6.8

A composição das espécies da microflora no cólon oral dos pacientes dos grupos de controlo e experimental antes da cirurgia

Microflora	Grupo de controlo (n=226)		Grupo experimental (n=173)	
	Quantidade de estirpes	%	Quantidade de estirpes	%
Microrganismos anaeróbios				
Bifidobactérias	114	50,4	90	52,1
Lactobacilos	110	48,7	82	47,4
Bacteroides	221	97,8	166	95,9
Bactérias aeróbicas				
Escherichia coli	117	51,8	91	52,6
Citrobacter	14	6,2	10	5,8

Enterobacter cloacae	20	8,8	19	10,9
Klebsiella	11	4,9	12	6,9
Enterococcus faecalis	10	4,4	12	6,9
Staphylococcus aureus	17	7,5	17	9,8
Cândida	56	24,8	42	24,3

Nota:

P>0,05 - a diferença é estatisticamente insignificante, o critério de avaliação para o $\chi 2$.

Em pacientes com apendicite aguda, predominavam na flora oral do cólon as seguintes espécies: Bacteroides, Escherichia coli, bifidobactérias e lactobacilos. Uma caraterística especial dos resultados da nossa pesquisa, Iovitsa A.V. (2010), Bezrodnyi B.G., Iovitsa A.V. (2011), Bezrodnyi B.G., Iovitsa A.V. et al. (2012) é que a espécie de levedura Candida plantada em 24,8% dos pacientes no grupo controlado e em 24,3% dos pacientes no grupo experimental. Chama-se a atenção para a redução do número de bifidobactérias em 50,4% dos pacientes do grupo de controlo e em 52,1% dos indivíduos do grupo experimental. Também diminuiu o número de lactobacilos em 48,7% e 47,4%.

Microflora patogénica presente na maioria dos casos de microflora gram-negativa: Escherichia coli, Citrobacter, Enterobacter cloacae, Klebsiella. A Escherichia coli foi detectada em 51,8% dos doentes do grupo de controlo e em 52,6% dos indivíduos do grupo experimental. Citrobacter - em 6,2% dos doentes do grupo de controlo e em 5,8% dos indivíduos do grupo experimental. Enterobacter cloacae - 8,8% dos doentes do grupo de controlo e 10,9% dos indivíduos do grupo experimental. Klebsiella - em 4,9% dos doentes do grupo de controlo e em 6,9% dos indivíduos do grupo experimental.

Foram apresentados microrganismos Gram-positivos: Staphylococcus aureus e Enterococcus faecalis. O Staphylococcus aureus foi detectado em 7,5% dos doentes do grupo de controlo e em 9,8% dos indivíduos do grupo experimental. O Enterococcus faecalis foi indicado em 4,4% dos doentes do grupo de controlo e em 6,9% dos doentes do grupo experimental.

A análise dos resultados da disbiose da microflora do cólon dos pacientes dos grupos de controlo e experimental mostrou que 49,2% dos pacientes com apendicite aguda no grupo de controlo foram diagnosticados com disbiose intestinal. Ao mesmo tempo, nas pessoas do grupo etário 16-39 anos, a disbiose foi detectada em 43,5% dos casos (incluindo a disbiose de grau II, que se fixou em 51,1% dos doentes e a de grau III, em 48,9%). No grupo etário 40-59 anos de idade pacientes - 61,5% de disbiose intestinal (disbiose são Grau-II 37,5% e III - em 62,5% dos pacientes) e no grupo 60-79 anos - 80% dos casos (incluindo disbiose de II grau - 25% e III - em 75% dos indivíduos).

Entre os pacientes do grupo experimental, 50,7% dos indivíduos foram diagnosticados com disbiose intestinal. Ao mesmo tempo, as pessoas no grupo etário 16-39 anos a disbiose foi verificada em 46,8% dos casos (incluindo a disbiose de II grau foi definida em 54,5% dos pacientes e III - em 45,5%). Na faixa etária dos pacientes 40-59 anos - 68,7% dos casos indicaram disbiose intestinal (incluindo disbiose de II grau - em 45,5% e III - em 54,5% dos pacientes) e no grupo 60-79 anos, - 90% pessoas (incluindo disbiose de II grau - 33,3% e III - em 66,7% dos pacientes).

Os resultados do estudo da composição de espécies da microflora do cólon revelam uma violação microbiocenose cavidade cólon em pacientes com apendicite aguda.

Assim, Iovitsa A.V. (2009), Bezrodnyi B.G., Drannik G.M., Iovitsa A.V. et al. (2011), Bezrodnyi B.G., Iovitsa A.V., Martinovich L.D. et al. (2011), Iovitsa A.V. (2011), Bezrodnyi B.G., Iovitsa A.V., Martinovich L.D., Kartashov B.T. (2011), Bezrodnyi B.G., Iovitsa A.V., Martinovich L.D. et al. (2012), Iovitsa A. (2013) afirmam que a disbiose do intestino grosso causada por micobactérias oportunistas: Enterobacter, Citrobacter, Klebsiella, Staphylococcus, Bacteroides e fungos de levedura género Candida. E depois de Shidlovsky V.O., Zakharash M.P. (2002), Boiko V.V., Krivoruchko I.A., Teslenko S.N., Sivozhelezov A.V. (2008), Boyko N.I., Hom'yak V.V. (2009), Chuklin S.M., Ivankiv T.M. (2009), Hajiyev N.J. (2011), Kovalchuk L.Y. (2011), Mikhailovich V.V., Matviychuk O.B., Bogutsky I.Ya. (2011), Polovy V.P., Sydorchuk R.I., Palyanitsa A.S. (2011), Shmyireva E.S., Shapkin V.V., Shapkina A.N. (2012), Bilyk I.I. (2013), Lupaltsov V.I., Lesovoy V.N. (2014), Mishalov V.G., Markulan L.Yu., Burka A.A., Goyda S.M., Vamush S.M. (2014), Toichuev K.M., Aibashov K.A. (2014), Kvit A.D, Bocharov V.T., Kunina I.O. (2015) a microflora condicionalmente patogénica participa no desenvolvimento de processos inflamatórios e destrutivos no apêndice e na peritonite.

Com base no acima mencionado, nós: Iovitsa A. (2009), Iovitsa A.V. (2010), Iovitsa A.V., Bezrodnyi B.G., Martinovich L.D. et al. (2010), Bezrodnyi B.G., Surmasheva O.V.,

Iovitsa A.V. et al. (2011), Iovitsa A.V. (2011), Bezrodnyi B.G., Iovitsa A.V., Martinovich L.D., Bosy O.A. (2011), Bezrodnyi B.G., Iovitsa A.V. (2011), Bezrodnyi B.G., Iovitsa A.V., Martinovich L.D., Moyseenko A.I. (2011), Bezrodnyi B.G., Iovitsa A.V. et al. (2012), Bezrodnyi B.G., Iovitsa A.V., Martinovich L.D. et al. (2012), Bezrodnyi B.G., Kolosovich I.V., Iovitsa A.V. (2012), Bezrodnyi B.G., Kolosovich I.V., Iovitsa A.V. (2013), Iovitsa A.V. (2013), Bezrodnyi B.G., Iovitsa A.V., Martinovich L.D. (2013), Iovitsa A.V. (2015) **afirmam a identidade da microflora que causa o desenvolvimento de disbiose intestinal, síndrome do intestino irritável e apendicite aguda.**

A composição de espécies da microflora no cólon oral em doentes com apendicite aguda, aquando da alta hospitalar, é apresentada na Tabela 6.9.

Quadro 6.9

A composição das espécies da microflora do cólon oral em doentes com apendicite aguda com alta hospitalar

Microflora	Grupo de controlo (n=226)		Grupo experimental (n=173)	
	Número de estirpes	%	Número de estirpes	%
Microrganismos anaeróbios				
Bifidobactérias	118	52,2	94	54,3
Lactobacilos	112	49,5	87	50,3
Bacteroides	224	99,1	165	95,4
Microrganismos aeróbios				
Escherichia coli	114	50,4	127	73,4*
Citrobacter	12	5,3	3	1,7
Enterobacter cloacae	17	7,5	4	2,3
Klebsiella	6	2,6	3	1,7
Enterococcus faecalis	8	3,5	4	2,3
Staphylococcus aureus	15	6,6	4	2,3
Cândida	59	26,1	5	2,9*

Nota:

53

A análise dos dados mostra que, após o curso do tratamento em doentes com apendicite aguda do grupo experimental, a incidência de estirpes de fungos leveduriformes do género Candida foi significativamente inferior a 21,4% do que antes do tratamento (p<0,05). Além disso, há uma tendência para reduzir as estirpes de Citrobacter a 4,1% (p>0,05), Enterobacter cloacae a 8,6% (p>0,05) e Klebsiella nizhche a 5,2% (p>0,05). Os casos de estirpes de Enterococcus faecalis são também inferiores em 4,6% aos registados antes do tratamento (p>0,05). O Staphylococcus aureus rezhe foi encontrado raramente em 7,5% do que antes do tratamento (p> 0,05).

Ao mesmo tempo, chama-se a atenção para a tendência de aumento da frequência de atribuição a 1,3% de estirpes de fungos de levedura do género Candida (p>0,05) em doentes com apendicite aguda no grupo controlado.

A composição quantitativa da microflora no cólon oral em doentes com apendicite aguda antes da cirurgia é apresentada no Quadro 6.10.

Quadro 6.10

A composição quantitativa da microflora no cólon oral em doentes dos grupos de controlo e experimental antes da cirurgia (UFC / g)

Microflora	Grupo saudável (n=20)	Grupo de controlo (n=226)	Grupo experimental (n=173)
Microrganismos anaeróbios			
Bifidobactérias	9,82±0,21	5,91±0,41*	5,83±0,21*
Lactobacilos	8,73±0,12	5,62±0,31*	5,72±0,22*
Bacteroides	3,24±0,53	5,31±0,42*	5,81±0,41*
Microrganismos aeróbios			
Escherichia coli	7,82±0,21	6,91±0,22	6,43±0,22
Citrobacter	1,83±0,32	5,51±0,32*	6,43±0,34*
Enterobacter cloacae	1,41±0,22	9,14±0,33*	9,32±0,24*
Enterococcus faecalis	6,41±0,21	8,45±0,23*	9,63±0,23*

| Staphylococcus aureus | 4,12±0,31 | 4,21±0,12 | 5,32±0,11 |
| Cândida | 3,12±0,21 | 5,14±0,13* | 6,74±0,13* |

Nota:

* - A diferença entre os grupos controlado e experimental em relação ao grupo saudável é estatisticamente significativa (p<0,05).

A composição quantitativa da microflora no cólon oral em doentes com apendicite aguda após tratamento é apresentada no Quadro 6.11.

Quadro 6.11

A composição quantitativa da microflora no cólon oral em doentes com grupos de controlo e experimentais no momento da alta (CFU / g)

Microflora	Grupo saudável (n=20)	Grupo de controlo (n=226)	Grupo experimental (n=173)
Microrganismos anaeróbios			
Bifidobactérias	9,82±0,21	5,43±0,42	6,64±0,24
Lactobacilos	8,73±0,12	4,92±0,31	6,52±0,23
Bacteroides	3,24±0,53	6,12±0,23*	4,21±0,22
Microrganismos aeróbios			
Escherichia coli	7,82±0,21	6,22±0,21	8,12±0,21
Citrobacter	1,83±0,32	4,52±0,21*	1,51±0,22
Enterobacter cloacae	1,41±0,22	8,12±0,22*	1,14±0,15
Enterococcus faecalis	6,41±0,21	8,44±0,25*	6,23±0,22
Staphylococcus aureus	4,12±0,31	3,43±0,12	3,14±0,12
Cândida	3,12±0,21	5,44±0,13*	1,91±0,12*

Nota:

* - A diferença entre os grupos controlado e experimental em relação ao grupo saudável é estatisticamente significativa (p<0,05).

A análise dos dados mostra que nos doentes do grupo experimental foi significativamente menor o número de fungos leveduriformes do género Candida 1,91 ± 0,12 (UFC/g) do que o que foi revelado (p<0,05), e houve tendência para reduzir o número de estirpes de

Staphylococcus aureus 3,14 ± 0,12 UFC/g (p>0,05). Assim foi marcada a tendência para aumentar o número de Lactobacilos 6,52 ± 0,23 UFC/g (p>0,05). O número de Citrobacter diminuiu 1,51 ± 0,22 CFU/g (p>0,05), Enterobacter cloacae 1,14 ± 0,15 CFU/g também diminuiu (p>0,05). O número de estirpes de Enterococcus faecalis diminuiu 6,23 ± 0,22 UFC/g (p>0,05).

A análise das espécies e do nível populacional da microflora oral do cólon nos doentes dos grupos experimental e controlado mostrou que 90,2% dos doentes do grupo experimental (p<0,0001) e 21,3% dos doentes do grupo controlado viram normalizada a microbiocenose do cólon (p<0,001).

A incidência de disbiose nos grupos de estudo é apresentada na Tabela 6.12.

Quadro 6.12

A incidência de disbiose nos grupos de pacientes estudados

Disbiose	Grupo de controlo (n=226)	Grupo experimental (n=173)
Antes do tratamento, n (%)	116 (51,3%)	88 (50,9%)
Alterar o tratamento, n (%)	178 (78,7%)	17 (9,8%)
Estimativa, p	0,001	0,0001

Nota:

É de salientar que a diferença é estatisticamente insignificante antes do tratamento (p>0,05) relativamente à atribuição de frequência de estirpes separadas de microflora no grupo experimental em comparação com o grupo de controlo.

Assim, após o tratamento dos doentes com apendicite aguda, no grupo controlado ocorre um aumento estatisticamente significativo da incidência de disbiose (p<0,001), **enquanto no grupo experimental se verificou a dinâmica inversa - uma redução significativa da incidência de disbiose (p<0,0001).**

Em resumo, queremos chamar a vossa atenção para: A restauração da microbiocenose da cavidade do cólon em pacientes com apendicite aguda favorece uma restauração mais precoce da função de motorevacuação do intestino no período pós-operatório.

CONCLUSÃO

Consideraremos o objetivo do nosso trabalho alcançado se a nossa monografia ajudar os cirurgiões no tratamento de doentes com apendicite aguda.

No nosso trabalho, tentámos dar uma imagem completa da patogénese da apendicite aguda, do papel da microbiocenose intestinal perturbada no desenvolvimento da apendicite e das oportunidades de aplicação de probióticos no tratamento cirúrgico de doentes com apendicite aguda.

A monografia centra-se nas principais caraterísticas das infecções aeróbicas e anaeróbicas.

Os autores aceitam com agrado todas as notas críticas, adições e correcções, que devem ser enviadas por correio eletrónico: iovitsadoc@mail.ru para a atenção de Iovitsa Andrey.

Acreditamos que a monografia será de interesse para cirurgiões, gastroenterologistas e médicos de família.

LISTA DA LITERATURA:

1. Adibay Zh.O. Uso da droga Enterozhermin para o tratamento e prevenção de distúrbios da flora microbiana do cólon / Zh.O. Adibay, A.B. Ospanbekova // Boletim do Instituto Estadual de Almaty da Revista Médica de Pós-Graduação. - 2011 .- №3 (15). - P. 47.

2. Agafonova N.A. Síndrome do intestino irritável pós-infecioso: um guia para médicos / N.A. Agafonova. - M.: Forte print, 2013. - P. 52.

3. AndrikevicH I.I. Efeito do antibiótico no estado do microbiota do cólon em bebés com doenças agudas do sistema broncopulmonar / I.I. AndrikevicH // Sovremennaya Pediatriya. - 2007. - №4 (7). - P. 181-184.

4. Anderson J.L. Systematic review: faecal microbiota transplantation in the management of inflammatory bowel disease / J.L. Anderson, R.J. Edney, K. Whelan // Alimentary Pharmacology Therapeutics. - 2012. - Vol. 36. - P. 503516.

5. Andreeva I.V. Potencial para a utilização de probióticos em medicina clínica / I.V. Andreeva // Clinical Microbiology and Antimicrobial Chemotherapy. - 2006. - Том 8. - №2. - P. 151-172.

6. Ardatskaya M.D. Ácido butírico e inulina na prática clínica: aspectos teóricos e aplicações clínicas: / M.D. Ardatskaya. - M.: Форте принт, 2014. - P. 64.

7. Ardatskaya M.D. Gut microbiota and its role in development and maintenance of gastrointestinal disease / M.D. Ardatskaya // Notícias de medicina e farmácia. Gastroenterologia. - 2010; 313: 68.

8. Aryaev N.L. Probiotic-bioenteroseptik "Enterogermina" na terapia de diarreia idiopática associada a antibióticos em crianças. / N.L. Aryaev, A.A. Starikova, V.V. Truhalskaya. // Sovremennaya Pediatriya. - 2012. - № 2. - P. 92-95.

9. Ashoff L. Die Wurmforsatzentzundung. Eine pathologisch histologisch und pathogenetisce Studie. / L. Ashoff. - Jena, 1906.

10. Vasilieva Q.G. Fundamentação clínico-patogenética modificada do modo de alterações da microbiota intestinal com a comunidade adquirida por pneumonia em bebés: Resumo do autor da dissertação do candidato de ciências médicas O.G. Vasilieva. -

Ternopil. - 2011. - P. 20.

11. Efimov V.A. Microecologia do intestino humano, correção da microflora em estados disbióticos: especialidade 03.00.07 "Microbiologia": resumo do autor da dissertação do doutor em ciências médicas / V.A. Efimov // Moscovo, Instituto de Investigação Científica de Epidemiologia e Microbiologia. G.N. Gabrichevskogo. - M. - 2005. - P. 49.

12. Decreto do Ministério da Saúde da Ucrânia de 05.04.2007 №167 "Sobre a aprovação das diretrizes "Determinação da sensibilidade dos microrganismos aos antibióticos". - K., 2007. - P. 52.

13. Decreto do Ministério da Saúde da Ucrânia de 10.02.2003 №59 "Sobre a melhoria das medidas de prevenção de infecções internas em hospitais (hospitais de obstetrícia)". - K., 2003. - P. 55.

14. Decreto do Ministério da Saúde da Ucrânia de 02.04.2010 №297 "Sobre a aprovação de protocolos clínicos e padrões de atendimento na especialidade "Cirurgia" - K.: MNIA Center for Health Statistics, 2010. - №7. - P. 32-33.

1 5.Orlova N.A. Disbiose intestinal e possíveis formas de sua correção em pacientes com doenças inflamatórias intestinais com patologia associada e / ou manifestações extraintestinais: resumo do autor da dissertação do candidato às ciências médicas: 14.01.04 / N.A. Orlova // Academia Médica Estatal de São Petersburgo. de I.I. Mechnikov. - São Petersburgo. - 2010. - P. 23.

16. A patente de modelo de utilidade número 43078 A61B 17/00 Método de tratamento cirúrgico de apendicite aguda e restauração da microbiota do cólon / Bezrodnyi B.G., Iovitsa A.V., Martynovich L.D. Aplicações. 20.05.2009; Publicar. 27.07.2009. Bula. №14.

17. Patente de Modelo de Utilidade 37905 Ucrânia, IPC A61B 17/00 Método de drenagem de feridas abdominais e sépticas com auxílio de explorador / Kolosovych I.V., Spytsyn R.Y., Iovitsa A.V.; Aplicações. 23.07.2008; Publicar. 10.12.2008. Bula. №23.

18. Patente de Modelo de Utilidade 39133 Ucrânia, IPC A61B 17/00 Explorador para instalação de tubo de drenagem / Kolosovych I.V., Spytsyn R.Y., Iovitsa A.V.; Aplicações. 23.07.2008; Publicar. 10.02.2009. Bula. №3.

19. Patente de Modelo de Utilidade 43815 Ucrânia, IPC A61M 27/00 Drenagem para drenagem abdominal / Bezrodnyi B.G., Martynovych L.D., Iovitsa A.V.; Solicitação de registo 03.06.2009; Publicação. 25.08.2009. Bula. №16.

20. O Ministério da Saúde da URSS Decreto №535 de 22.04.1985. "A unificação da microbiologia, métodos de pesquisa bacteriologia utilizados em laboratórios de diagnóstico clínico, instituições médicas."

21. Babak O.Ya. O papel dos produtos probióticos na prevenção e tratamento da obstipação funcional / O.Ya. Babak, G.D. Fadeenko, K.A. Sytnyk // Cynacna racTpoenmeponoria. - 2012. - №5 (67). - 116-119 c.

22. Bakken J.S. Treating Clostridium difficile infection with fecal microbiota transplanta tion / Bakken J.S., Borody T., Brandt L.J. [et al.] // Clinical Gastroenterology Hepatology. - 2011. - Vol. 9 (12). - P. 104.

23. Balassiano I.T., Santos-Filho J., Barros de Oliveira M.P. et al. Um caso de surto de diarreia associada a Clostridium difficile entre idosos internados em uma unidade de terapia intensiva de um hospital terciário no Rio de Janeiro, Brasil // Journal Diagnostic Microbiology Infectious Disease. 2010. Vol. 68. P. 449-455

24. Bernet-Camard M.F. The human Lactobacillus acidophilus strain LA1 secrete a nonbacteriocin antibacterial substance (s) active in vitro and in vivo / M.F. Bernet-Camard, V. Lievin, D. Brassart et al. // Applied Environmental Microbiology. - 1997. - 63. - 2747-2753.

25. Babak O.Ya. Terapia anti-helikobacter: ênfase nos probióticos. / O.Ya. Babak, A. D. Bashkirova // Ukrainian Therapeutical Journal. - 2015. - №1. - P. 91-94.

26. Bezrodnyi B.G. Disbiose colônica na patogênese da apendicite aguda e suas complicações / B.G. Bezrodnyi, G.M. Drannik, A.V. Iovitsa, L.D. Martynovich, A.I. Moiseenko, O.L. Bondarchuk // Cirurgia da Ucrânia - 2011. - №2 (38). - P. 44-49.

27. Bezrodnyi B.G. Disbiose do cólon na patogénese da apendicite aguda / B. G. Bezrodnyi, A.V. lovitsa, L.D. Martynovich, B.T. Kartashov // Materiais do XI Congresso da Associação Médica Ucraniana. - 2011. Vol. 9 - Números 1-4 (72-75). - P. 230-231.

28. Bezrodnyi B.G. Terapia empírica antibacteriana no tratamento cirúrgico de pacientes

com apendicite aguda / B.G. Bezrodnyi, A.V. lovitsa, L.D. Martynovich, O.A. Bosii // Boletim da Academia Ucraniana de Medicina Dentária Problemas reais da medicina moderna - Vol. 11. - №1. - 2011. - P. 13-17.

29. Bezrodnyi B.G. Tratamento cirúrgico de pacientes com apendicite aguda / B.G. Bezrodnyi, A.V. lovitsa, L.D. Martynovich, A.I. Moiseenko // Cirurgia da Ucrânia - 2011. - №4 (40). - P. 44-47.

30. Bezrodnyi B.G. O valor da síndrome do intestino irritável na patogénese da apendicite aguda e das suas complicações / B.G. Bezrodnyi, A.V. lovitsa, L.D. Martynovich, A.I. Moiseenko, B.T. Kartashov, B.M. OnBxoBeuBKnn // Actas da conferência de estudantes, jovens cientistas, médicos e professores dedicada ao 20º aniversário do Instituto Médico: Problemas actuais da medicina fundamental e clínica - Sumy 2012. - P. 208-209.

31. Bezrodnyi B.G. O significado clínico da síndrome do intestino irritável em pacientes com formas destrutivas de apendicite aguda / B.G. Bezrodnyi, A.V. Iovitsa, L.D. Martynovich, A.I. Moiseenko, B.T. Kartashov, V.M. Olhoveckii // Materiais da conferência técnico-científica ucraniana "Tecnologias inovadoras em medicina. Problemas e soluções". - Poltava. Problemas de Ecologia e Medicina. - 2012. - Vol. 17. - №1-2 (1). - P. 8.

32. Bezrodnyi B.G. Escolha da terapia empírica antibacteriana no tratamento cirúrgico da apendicite destrutiva aguda / B.G. Bezrodnyi, O.V. Surmasheva, A.V. lovitsa, L.D. Martynovich, A.I. Moiseenko // Cirurgia da Ucrânia - 2011. - №1 (37). - P. 17-22.

33. Bezrodnyi B.G. The choice of antibiotic therapy in the surgical treatment of patients with acute appendicitis / B.G. Bezrodnyi, A.V. lovitsa // Conferência anual científico-prática com participação internacional "ACTUAL PROBLEMS OF CLINICAL SURGERY". Materiais da conferência: Revista de Cirurgia Clínica - 2011. - №5. - P. 7.

34. Bezrodnyi B.G. // Terapia antibiótica racional no tratamento cirúrgico de pacientes com apendicite aguda // B.G. Bezrodnyi, I.V. Kolosovych, A.V. Iovitsa, L.D. Martynovich, R.A. Sidorenko, O.M. Sisak // Doctoring Journal- 2012. - №3-4 (1113). - P. 90-96.

35. Bezrodnyi B.G. Terapia antibacteriana racional no tratamento cirúrgico de pacientes com formas destrutivas de apendicite aguda / B.G. Bezrodnyi, I.V. Kolosovych, A.V. Iovitsa, L.D. Martynovich, O.N. Petrenko // Cirurgia. Europa Oriental - 2013. - №1 (05). - P. 31-36.

36. Bezrodnyi B.G. Previsão da eficácia da terapia antibiótica empírica no tratamento cirúrgico de formas destrutivas de apendicite aguda / B.G. Bezrodnyi, A.V. Iovitsa, L.D. Martynovich, B.T. Kartashov // Materiais do XII Congresso da Associação Médica Ucraniana. Notícias médicas ucranianas - 2013. - Vol. 10. - №1-4 (76-79). - P. 216-217.

37. Bezrodnyi B.G. Análise comparativa da eficácia da antibioticoterapia empírica no tratamento cirúrgico de formas destrutivas de apendicite aguda / B.G. Bezrodnyi, I.V. Kolosovych, L.D. Martynovich, N.A. Ivanov, B.T. Kartashov, V.A. Krasovskii, A.V. Iovitsa, O.N. Petrenko, I.V. Cherepenko, P.V. Chemodonov, S.V. Badzyh // Materiais XV Congresso da Federação Mundial das Sociedades Médicas Ucranianas. - Chernivtsi-Kyiv-Chicago 2014. - P. 488.

38. Bilyk I.I. Microflora da cavidade peritoneal e tecido apendicular na peritonite devido a apendicite destrutiva / I.I. Bilyk // Patologia clínica e experimental.- 2013.- Vol.12, №1 (43). - P.34-38.

39. Bixquert Jimnnez M. Tratamento da síndrome do cólon irritável com probióticos. Finalmente uma abordagem etiopatogénica? / M. Bixquert Jimnnez // Revista Espanola de Enfermedades Digestivas. - 2009. - Vol. 101, N 8. - P. 553-564.

40. Bogadelnikov I.V. Disbacteriose - desejada e atual. / I.V. Bogadelnikov // Notícias do Jornal de Medicina e Farmácia. 2011. - №6 (357). - P. 2-3.

41. Bondarenko V.M. O efeito clínico de complexos biológicos simbióticos líquidos contendo células fisiologicamente activas de bifidobactérias e lactobacilos / V.M. Bondarenko, L.I. Shaposhnikova. - M.: Tver -Triada. - 2009. - P. 96.

42. Bondarenko V.M. Mecanismos moleculares e celulares da ação terapêutica dos probióticos / V.M. Bondarenko // Farmateka. - 2010. - №2. - P. 26-32.

43. Bondarenko V.M. O papel da disfunção da barreira intestinal na manutenção da inflamação crónica várias localizações / V.M. Bondarenko, E.V. Ryabichenko // Journal

of Microbiology. - 2010. - № 1. - P. 92-100.

44. Bondarenko V.M. O papel das bactérias condicionalmente patogénicas em processos crónicos de várias localizações / V.M. Bondarenko. - M.: Tver-Triada. - 2011. - P. 88.

45. Borshch S.K. O uso diferencial de probióticos para o tratamento de infecções intestinais e síndrome de dysbacteriosis intestinal / S.K. Borshch // Contemporary Gastroenterology. - 2008. - №2 (40). - P. 21-26.

46. Borshch S.K. Differentiated use of probiotics to treat intestinal candidiasis Utilização diferenciada de probióticos no tratamento da candidíase intestinal / S.K. Borshch // Medicines Ukraine. - 2009. - № 9. - P. 107-112.

47. Borshch S.K. A terapia combinada de microbiocenose para profilaxia e tratamento da síndrome do intestino irritável e doenças intestinais / S.K. Borshch // Contemporary Gastroenterology. - 2012. - №2 (64). - P. 75-83.

48. Borshch S.K. The combined application of antifungal antibiotics and probiotics in combustiology for the treatment and prevention of candidiasis and irritable bowel syndrome / S.K. Borshch, T.R. Maslyak // Contemporary Gastroenterology. - 2011. - №4 (60). - P. 30-39.

49. Borshch S.K. Compatibilidade biológica de preparações probióticas para uso em regimes combinados de síndrome de disbiose / S.K. Borshch, V.G. Mischuk, R.V. Kucik // Galician Medical Journal. - 2008. - №1. - P. 5-8.

50. Borchers A.T. Probióticos e imunidade / A.T. Borchers, C. Selmi, F.J. Meyers et al. // Journal Gastroenterol. - 2009. - N 44. - P. 26-46.

51. Borody T.J. Fecal microbiota transplantation: current status and future diretions / T.J. Borody, J. Campbell // Expert. Rev. Gastroenterol. Hepatol. - 2011. - Vol. 5 (6). - P. 65.

52. Boyko N.I. Acute apenditsit / N.I. Boyko, V.V. Hom'jyak. - Lviv, 2009. - P. 32.

53. Boyko T.Y. Análise da microbiocenose intestinal em doentes com doenças inflamatórias crónicas do intestino com anemia / T.Y. Boyko, O.V. Sorochan, L.V. Tropko, M.V. Stoykevich, T.M. Tolstikova // Contemporary Gastroenterology. - 2012. - №4 (66). - P. 43-46.

54. Boyko V.V. Peritonite purulenta generalizada: Monografia. / V.V. Boyko, I.A. Krivoruchko, S.N. Teslenko, A.V. Sivozhelezov. // - X: Prapor. - 2008. - P. 280.

55. Bron P.A., van Baarlen P., Kleerebezem M. Emerging molecular insights into the interaction between probiotics and the host intestinal mucosa // Nat. Rev. Microbiol. - 2012. - N 10. - P. 66-78.

56. Camilleri M. Serotonin in the gastrointestinal tract. Curr Opin Endocrinol Diabetes Obes. - 2009; 16:53-9.

57. Changhyun Roh. Rastreio de extractos brutos de plantas com atividade antiobesidade / Changhyun Roh, Uhee Jung // International Journal of Molecular Sciences. - 2012. - 13. - P. 1710-1719.

58. Cheluvappa R. Protective pathways against colitis mediated by appendicitis and appendectomy/ R. Cheluvappa, A.S. Luo, C. Palmer, M.C. Grimm // Clinical and experimental immunology.- 2011.- V.165(3):393-400.

59. Chen C.C. Probiotics have clinical, microbiologic, and immunologic efficacy in acute infectious diarrhea / C.C. Chen et al. // Pediatr. Infect. Dis. J. - 2010. - Vol. 29, N 2. - P. 135-138.

60. Chernin V.V., Bondarenko V.M., Chervinec V.M., Bazlov S.N. Disbacteriose microflora da mucosa esofagogastroduode gastroduodenal, seu diagnóstico e tratamento. - M.: MIA, 2011. - P. 144.

61. Chernin V.V. O valor do helicobacter pylori em normomikrobiotsenoze e disbiose da microflora da mucosa zona esofagogastroduodenal em suas lesões inflamatórias e erosivas e ulcerativas / V.V. Chernin // Verhnevolzhskiy Medical Journal. - 2011. - T. 9. №4. - P. 72-78.

62. Chernin V.V. Digestão humana simbiótica. Fisiologia. A clínica, o diagnóstico e o tratamento das suas perturbações. / V.V. Chernin, A.I. Parfenov, V.M. Bondarenko. // - Tver: LLC "Editora" "Triada", 2013. - P. 232.

63. Chihacheva E. Microbiota intestinal na doença hepática crónica: diagnóstico e tratamento / E. Chihacheva // Doutor. - 2011. - №7. - P. 18-21.

64. Chiou E., Nurko S. Dor abdominal funcional e síndrome do intestino irritável em

crianças e adolescentes / E. Chiou, S. Nurko // Therapy. 2011; 8(3): 315-331.

65.   Chuklin S.M. Peritonite / S.M. Chuklin, T.M. Ivankiv. - Lviv, 2009. - P. 31.

66.   Chmielewska A. Revisão sistemática de ensaios aleatórios controlados: probióticos para a obstipação funcional / A. Chmielewska, H. Szajewska // World Journal of Gastroenterology. - 2010. - Vol. 16. №1. - P. 69-75.

67.   Clarke G. Artigo de revisão: probióticos para o tratamento da síndrome do intestino irritável - foco nas bactérias do ácido lático / G. Clarke, J.F. Cryan, T.G. Dinan. et al. // Aliment. Pharmacol. Ther. - 2012. - N 35. - P. 403-413.

68.   Cordina C. Probióticos no tratamento de doenças gastrointestinais: análise das atitudes e práticas de prescrição de gastroenterologistas e cirurgiões / A. Cordina, I. Shaikh, S. Shrestha. // J. Dig. Dis. - 2011. - N 12. - P. 489-496.

69.   Croswell A. Prolonged impact of antibiotics on intestinal microbial ecology and susceptibility to enteric Salmonella infection / A. Croswell, E. Amir, P. Teggatz et al. // Infection and Immunity. - 2009. - Vol. 77, N 7 - P. 2741-2753.

70.   Cunningham-Rundles S. The effect of aging on mucosal host defense // Journal Nutr. Health Aging. - 2004. - Vol. 8, N 1. - P. 20-25.

71.   Dan C Vodnar. O chá verde aumenta o rendimento de sobrevivência de Bifidobacteria em ambiente gastrointestinal simulado e em condições de refrigeração / Dan C Vodnar, Carmen Socaciu. // Chemistry Central Journal. - Romania. - 2012. - 6. - P. 61.

72.   Daniela CU Cavallini. Influência de um produto probiótico de soja na microbiota fecal e sua associação com fatores de risco cardiovascular em modelo animal / Daniela CU Cavallini, Juliana Y Suzuki, Dulcineia SP Abdalla et al. // Lipídios na Saúde e na Doença. - Brasil. - 2011. - 10. - P. 126.

73.   De La Cochetiere M.F. Effect of antibiotic therapy on human fecal microbiota and the relation to the development of Clostridium difficile / De La Cochetiere M . F., Durand T. et al. // Microbial Ecology. - 2008. - Vol. 56, N 3 - P. 395402.

74.   Delphine M.A. Sauliner. Mecanismos de Probiose e Prebiose: Considerações sobre alimentos funcionais melhorados / Delphine M.A. Sauliner, Jennifer K. Spinler, Glenn R.

Gibson et al. // NIH Public Access Author Manuscript. - 2009. - 20 (2). - P. 135-141.

75. De Paula J.A. Effect of the ingestion of a symbiotic yogurt on the bowel habits of women with functional constipation / J.A. De Paula, E. Carmuega, R. Weill // Ata Gastroenterologia Latinoamericana. - 2008. - Vol. 38. №1. - P. 16-25.

76. Deshpande G., R. Shripad, Patole S. Progresso no domínio dos probióticos: ano de 2011. Opinião Atual em Gastroenterologia. 2011; 27:13-18.

77. Dethlefsen L. The pervasive effects of an antibiotic on the human gut microbiota, as revealed by deep 16S rRNA sequencing / L. Dethlefsen, S. Huse, M.L. Sogin, D.A. Relman // Public Library of Science Biology. - 2008. - N 6 (11). - P. 280.

78. Dmitrieva N.V. Diarreia associada a Clostridium difficile (revisão da literatura) / N . V. Dmitrieva, I.A. Klyuchnikova, I.I. Shilnikova // Revista siberiana de oncologia. - 2014. - №1 (61). - P. 46-53.

79. Drouault-Holowacz S. Um ensaio clínico aleatório duplamente cego de uma combinação de probióticos em 100 pacientes com síndrome do intestino irritável / S. Drouault-Holowacz, S. Bieuvelet, A. Burckel et al. // Gastroenterology Clinical Biology. - 2008. - Vol. 32. №2. - P. 147-152.

80. Dudnikova E.V. Utilização de medicamentos simbióticos no tratamento da dermatite atópica em bebés: orientações / E.V. Dudnikova, N.N. Kobzeva, E.S. Prihodskaya. // Rostov on Don: Publicação da Universidade Médica Estadual de Rostov. - 2013. - P. 41.

81. Dyachenko P.A., Antibióticos. Fim da era? / P.A.Dyachenko // Boletim da série SSU "Medicina". - 2012. - № 2. - Suppl. 5. - 19.

82. Dyachenko V.F. Diagnóstico laboratorial de doenças inflamatórias causadas por microrganismos anaeróbios asporohennymy: Diretrizes / V.F. Dyachenko, S.V. Biryukova, Z.T. Starobinets et al. - Kharkiv, 2000. - P. 35.

83. Dyadyk A.I. Disbiose intestinal e princípios de sua correção / A.I. Dyadyk, S.S. Chubenko, V.O. Haidukov et al. // Notícias de medicina e farmácia Journal. - 2012. - №11.

84. Efeitos de pro- e antibióticos na homeostase intestinal num modelo controlado por computador do intestino grosso. / A.Rehman, F.A.Heinsen, K.Venema, M.Koenen et al. // Gastroenterology - 2011. - Vol. 140, № 5, Suppl. 1 - P. 852.

85. Ejtahed H.S. Effect of probiotic yogurt containing Lactobacillus acidophilus and Bifidobacterium lactis on lipid profile in individuals with type 2 diabetes mellitus / H.S. Ejtahed, J. Mohtadi-Nia, A. Homayouni-Rad. et al. // J. Dairy Sci. - 2011. - Vol. 94, N 7. - P. 3288-3294.

86. Fadeenko G.D. Disbiose intestinal na prática do médico / G.D. Fadeenko, L.V. Bogun // Gastroenterologia Contemporânea. - 2013. - № 1 (69). - P. 89-96.

87. Fadeenko G.D. Violação do microbiota intestinal e sua correção na doença inflamatória intestinal com base na medicina baseada em provas / G.D. Fadeenko // Contemporary Gastroenterology. - 2010. - №3 (53). - P. 127-132.

88. Flint H.J. The role of the gut microbiota in nutrition and health / H.J. Flint // Nat. Rev. Gastroenterol. Hepatol. - 2012. - N 9. - P. 577-589.

89. Fotiadis C.I. Role of probiotics, prebiotics and synbiotics in chemoprevention for colorectal cancer / C.I. Fotiadis, C.N. Stoidis, B.G. Spyropoulos et al. // World Journal of Gastroenterology. - 2008. - 14. - P. 6453-6457.

90. Francisco Guarner, Aamir G. Khan, James Garisch et al. Probiotics and prebiotics. Organização Mundial de Gastroenterologia: Recomendações práticas. - 2008. - P. 24.

91. Frick J.S. The Gut Microflora and Its Variety of Roles in Health and Disease (A microflora intestinal e a sua variedade de papéis na saúde e na doença). Curr Top Microbiol Immunol. 2012; 5:112-124.

92. Gale K. Probióticos na gravidez reduzem o eczema nos bebés / K. Gale // Br. J. Dermatol. Publicado online. - 2010. - № 9. - P. 45-48.

93. Gapon M.N. Indicadores de resistência local não específica na disbacteriose do cólon / M.N. Gapon, L.N. Ternovskaya // Journal of Epidemiology and Microbiology, Immunobiology. - 2010. - №5. - P. 53-57.

94. Gasilina T.V. Mecanismos de desenvolvimento e formas de correção da diarreia associada a antibióticos / T.V. Gasilina, S.V. Belmer // Attending Physician Journal. - 2014. - № 6. - P. 14-18.

95. Gill H. Probióticos, imunomodulação e benefícios para a saúde / H. Gill, J. Prasad // Avanços em Medicina Experimental e Biologia. - 2008. - 606. - 423-54.

96.	Gough E. Revisão sistemática do transplante de microbiota intestinal (bacterioterapia fecal) para a infeção recorrente por Clostridium difficile / E. Gough, H. Shaikh, A. R. Manges // Clin. Infect. Dis. - 2011. - Vol. 53 (10). - P. 994-1002.

97.	Grinevich V.B. Os aspectos clínicos do diagnóstico e tratamento da disbiose intestinal na prática terapêutica geral / V.B. Grinevich // Training Toolkit. - São Petersburgo. - 2003. - P. 37.

98.	Grinko O.M. Allocation and studying promising probiotic strain of sporeforming bacteria genus Bacillus / O.M. Grinko, V.V. Zverev, A.A. Kaloshin // Journal of Microbiology. - 2009. - №3. - P. 85-89.

99.	Grishel A.I. Probióticos e o seu papel na medicina moderna / A.I. Grishel, E.P. Kushkurno // Herald of Pharmacy Journal. - 2009. - №1. - 43 c.

100.	Groshwitz K.R. Intestinal barrier function: molecular regulation and disease pathogenesis / K.R. Groshwitz, S.P. Hogan // Journal Allergy Clinical Immunology. 2009; 124: 3-20.

101.	Guarner F. Declarações de consenso do workshop "Probióticos e saúde: evidência científica" / F. Guarner, T. Requena, A. Marcos // Nutr. Hosp. - 2010. - Vol. 25. - P. 700-704.

102.	Gupta V. Probióticos / V. Gupta, R. Garg // Indian Journal Med. Microbiol. - 2009. - Vol. 27, № 3. - P. 202-209.

103.	Haertynov Kh.S. Princípios modernos de tratamento de infecções intestinais agudas em bebés / Kh.S. Haertynov, V.A. Anokhina // Kazan Medical Journal. - 2010. - Том 91. - №1. - P. 1-6.

104.	Hamilton M.J. Standardized frozen preparation for transplantation of fecal microbiota for recurrent Clostridium difficile infection / Hamilton M.J., Weingarden A.R., Sadowsky M.J., Khoruts A. // American Journal Gastroenterology. - 2012. - Vol. 107 (5). - P. 761.

105.	Hempel S., Newberry S.J., Maher A.R. et al. Probióticos para a prevenção e tratamento da diarreia associada a antibióticos: uma revisão sistemática e meta-análise // JAMA. - 2012. - N 307. - P. 1959 - 1969.

106. Hickson M. Probiotics in the prevention of antibiotic-associated diarrhoea and Clostridium difficile infection // Ther. Adv. Gastroenterology. - 2011. - N 4. - P. 185-197.

107. Holyar O.I., Sydorchuk I.Y. O grau de efeitos da tetraciclina na microbiocenose intestinal e as suas correcções por "bifiform - 21" // Annals of Mechnikov Institute. - 2013 - N 4. - P. 61-70.

108. Honda K. The microbiome in infectious disease and inflammation / K. Honda, D.R. Littman // Revisão anual de imunologia. - 2012. - № 30. - P. 759-795.

109. Hajiyev N.J. Ovaluating the effectiveness of peritoneal sanation with medical ozone in diffuse peritonitis / N.J. Hajiyev // Ukrainian Journal of Surgery. - 2011. - №3 (12). - 252-255 c.

110. Hungin A.P. Revisão sistemática: Probióticos na gestão dos sintomas gastrointestinais inferiores na prática clínica - um guia internacional baseado em evidências / A.P. Hungin, C. Mulligan, B. Pot. // Aliment. Pharmacol. Ther. - 2013. - N 38. - P. 864-886.

111. Iovitsa A. Análise da microflora do apêndice em pacientes com apendicite destrutiva aguda / A. Iovitsa // Revista científica ucraniana para jovens médicos - 2009. - №1. - P. 122-123.

112. Ivashkin V.T. Síndrome de Diarreia / V.T. Ivashkin, A.A. Sheptulin, O.A. Sklyansky. - M: GEOTAR-MED. 2002. - P. 168.

113. Ishakova H.I. The frequency of detection of enterobacteria in nosocomial infections and antibiotic resistance / H.I. Ishakova, N.A. Shadmanova, D.O. Sigalov // Jurnal Infektologii. - 2010. - T. 2, №4. - P. 70.

114. Iovitsa A.V. Antibioticoterapia no tratamento cirúrgico das formas destrutivas da apendicite aguda / A.V. Iovitsa // Problem situations in plastic and reconstructive surgery: Resumos dos relatórios da Quarta Conferência Científica Internacional Kyiv. - 2010.

115. Iovitsa A.V. Efeito do probiótico Enterogermin durante a apendicectomia em pacientes com formas destrutivas de apendicite aguda / A.V. Iovitsa // Revista científica ucraniana para jovens médicos - 2010. - №4. - P. 29-30.

116. Iovitsa A.V. Tratamento cirúrgico de pacientes com àppendicite destrutiva aguda

disbacteriose do trato gastrointestinal probiótico Enterogermin / A.V. Iovitsa // Revista científica ucraniana da juventude médica - 2010. - P. 181.

117. Iovitsa A.V. Escolha da terapia antibacteriana racional no tratamento cirúrgico de pacientes com àppendicite destrutiva aguda / A.V. Iovitsa, B.G. Bezrodnyi, L.D. Martynovich, A.I. Moiseenko, O.L. Bondarchuk // Revista científica ucraniana para jovens médicos - 2010. - №2. - P.21-24.

118. Iovitsa A.V. A eficácia da terapia antibiótica empírica no tratamento cirúrgico de formas destrutivas de apendicite aguda / A.V. Iovitsa // Revista científica ucraniana para jovens médicos - 2011. - №2. - P. 169-170.

119. Iovitsa A.V. Justificação da terapia antibiótica no tratamento cirúrgico das formas destrutivas da apendicite aguda / A.V. Iovitsa, B.G. Bezrodnyi // Materiais XIII Congresso da Federação Mundial das Sociedades Médicas Ucranianas. - Lviv-Kyiv Chicago 2010. - P. 484-485.

120. Iovitsa A.V. Disbiose intestinal do cólon em pacientes com apendicite aguda / A.V. Iovitsa // Revista científica ucraniana da juventude médica - 2011. - №1. - P. 88.

121. Iovitsa A.V. Melhoria da tecnologia de tratamento cirúrgico de pacientes com apendicite aguda: Dissertação para obtenção do grau científico de candidato de ciências médicas na especialidade 14.01.03 - cirurgia. O.O. Bogomolets National Medical University of Ministri of Public Helth of Ukraine, Kyiv, 2013. / Andrii Vladimirovich Iovitsa. - Kyiv, 2013. - P. 167.

122. Iovitsa A.V. Melhoria da tecnologia de tratamento cirúrgico de pacientes com apendicite aguda. - Manuscrito: Dissertação para obtenção do grau científico de candidato de ciências médicas na especialidade 14.01.03 - cirurgia. O.O. Bogomolets National Medical University of Ministri of Public Helth of Ukraine, Kyiv, 2013. / Andrii Vladimirovich Iovitsa. - Kiev, 2013. - P. 20.

123. Iovitsa A.V. Antibioticoterapia no tratamento cirúrgico de pacientes com apendicite // A.V. Iovitsa. - LAP Lambert Academic Publishing. - 2015. - ISBN - 13: 978-3-659-67478-5. - P. 108.

124. Jihed Boubaker. Efeitos antimutagénicos e de eliminação de radicais livres dos

extractos de folhas de Accacia salicina / Jihed Boubaker, Hedi Ben Mansour, Kamel Ghedira et al. // Annals of clinical microbiology and antimicrobials. - 2011. - 10. - P. 37.

125. Johnson C.L., Versalovic J. O microbioma humano e a sua potencial importância para a pediatria. Pediatrics. 2012; 129:950-960.

126. Jones Jennifer L. The role of probiotics in inflammatory bowel disease / Jones Jennifer L., Foxx-Orenstein Amy E // Digestive Diseases and Sciences, 2007. - 52. - 607-611.

127. Kaarina Kukkonen. Long-Term Safety and Impact on Infection Rates of Postnatal Probiotic and Prebiotic (Synbiotic) Treatment: Randomized, Double-Blind, Placebo-Controlled Trial / Kaarina Kukkonen et al. // Pediatrics. - 2008. - 122. - 8-12.

128. Kahn S.A. Colonoscopic fecal microbiota transplant for recurrent Clostridium difficile infection in a child / S.A. Kahn, S. Young, D. T. Rubin // Am. J. Gastroenterol. - 2012. - Vol. 107 (12). - P. 19.

129. Kalyuzhny O.S. Vivchennya antibiotikorezistentnosti probiotichnih shtamiv to antibiotikiv protigribkovih preparativ / O.S. Kalyuzhny, L.S. Strelnikov, O.P. Strilets // Zaporozhye medical journal. - 2008. - № 5. - P. 120-122.

130. Kaminskiy M.N. Tratamento conservador da apendicite aguda / M.N. Kaminskiy // Far Eastern Medical Journal. - 2012. - №4. - P. 123-126.

131. Kvit A.D. Aspectos clínicos e microbiológicos de pacientes com apendicite aguda complicada / A.D. Kvit, V.T. Bochar, I.O. Kunina // Galic'kij Licars'kij Visnik: revista médica científica e prática. - 2015. - Volume 22, N1. - P. 28-31.

132. Karlsson F. Assessing the human gut microbiota in metabolic diseases / F. Karlsson, V. Tremaroli, J. Nielsen, F. Backhed // Diabetes. - 2013. - Vol. 62, №10. - P. 3341-3349.

133. Kentaro Shimizu. Os simbióticos diminuem a incidência de complicações sépticas em pacientes com SIRS grave: um relatório preliminar. / K. Shimizu, H. Ogura, M. Goto et al. // Digestive Diseases and Sciences, Japan, 2009. - 54. - P. 1071-1078.

134. Kerimov E.A. O estudo da relação da Candida spp. qualitativa isolamento e fatores de sua patogenicidade em pacientes com candidíase do trato gastrointestinal / E.A. Kerimov // Gastroenterologia Contemporânea- 2011. - №3 (59). - P. 34-38.

135. Khanna S. The epidemiology of Clostridium difficile infection in children: a popula tion based study / S. Khanna, L.M. Baddour, W.C. Huskins. [et al.] // Clin. Infect. Dis. - 2013. - Vol. 56 (10). - P. 1401.

136. Kharchenko N.V. Assessment of Lacium efficiency and tolerability in the treatment of patients with intestinal dysbiosis / N.V. Kharchenko, I.S. Marukhno, V.V. Kharchenko, I.A. Korulya // Contemporary Gastroenterology. - 2012. - №2 (64). - P. 100-106.

137. Khristich T.N. A microbiocenose intestinal: os mecanismos do desenvolvimento, manifestações clínicas da disbiose e possível correção de seus distúrbios / T.N. Khristich // Gastroenterologia Contemporânea - 2010. - №1 (51) - P. 86-91.

138. Khoshini R. A systematic review of diagnostic tests for small intestinal bacterial overgrowth / R. Khoshini, S.C. Dai, S. Lezcano, M. Pimentel // Digestive Diseases and Sciences. - 2008. - Vol. 56, N 3. - P. 1443-1454.

139. Kildiyarova R.R. Antimicrobial therapy in pediatrics: a handbook / R.R. Kildiyarova, M.Y. Denisov. - 2ª edição. - M.: MEDpress-inform. - 2014. - P. 127.

140. Kipshakbayev R.K. Visão geral dos problemas: disbiose intestinal em crianças / R.K. Kipshakbayev, F.M. Kipshakbaeva // Homem e Medicina. - 2014. - №7. - P. 2-7.

141. Klyaritskaya I.L. Olhares modernos sobre as violações da microbiocenose intestinal, seus diagnósticos e correção / I.L. Klyaritskaya, I.O. Viltsanyuk // Крымский терапевтический журнал. - 2007. - №2. - Том 2. - P. 12-17.

142. Klyaritskaya I.L. Modern looks on intestine microbiocenosis violations, their diagnostics and correction / I.L. Klyaritskaya, I.O. Viltsanyuk // Crimean Journal of Internal Diseases. - 2007. - № 2. - P. 12-18.

143. Kovalchuk L.Ya. Cirurgia / editado L.Ya.Kovalchuka // - Ternopil, Universidade Estatal de Medicina de Ternopil: Ukrmedknyha. - 2011. - P. 1595.

144. Kolesov V.I. Os sintomas e o tratamento da apendicite aguda / V.I. Kolesov. - M.: Medicina, P. 1972.

145. Kostykevich O.I. Efeito na saúde intestinal. Da patogénese aos métodos modernos de correção da disbiose / O.I. Kostykevich // Russian Medical Journal. - 2011. - №5. - P. 304-308.

146. Kramar L.V. Caraterísticas microecológicas da biocenose intestinal em bebés com diarreia infecciosa aguda / L.V. Kramar, N.V. Rodionova, A.A. Arova // Fundamental Research Journal. - 2014. - №2. - P. 90-93.

147. Kranin D.L. Diagnóstico e prevenção da disbiose intestinal no tratamento cirúrgico da doença cardíaca coronária / D.L. Kranin, N.I. Fedorova, S.P. Kazakov, D.A. Nazarov // Arquivo de medicina interna - 2014. - №1(15). - P. 15-18.

148. Kruglyakova L.V. Doença pulmonar obstrutiva crónica e disbacteriose intestinal / L.V. Kruglyakova // Boletim Fisiologia e Patologia da Respiração. 2013. - №47. - P. 103-110.

149. Kuvaeva N.B. Doenças microbiológicas e imunológicas em crianças / N.B. Kuvaeva, K.S. Ladodo. - M.: Medicina, 1991. - P. 240.

150. Kucheryavy Yu.A. Síndrome de sobrecrescimento bacteriano / Yu.A. Kucheryavy, T.S. Oganesyan // Russian Journal of Gastroenterology Hepatology, Coloproctology. - 2010. - T. 20, №5. - P. 63-68.

151. Kushugulova A.R. Topical issues of research and production of probiotic products / A.R. Kushugulova // Biotecnologia. Revista de Teoria e Prática. - 2010. - №2. - P. 25-31.

152. Koning C.J. The effect of a multispecies probiotic on the composition of the faecal microbiota and bowel habits in chronic obstructive pulmonary disease patients treated with antibiotics / C.J. Koning, D. Jonkers, H. Smidt et al. // British Journal of Nutrition. - 2010. - Vol. 103, N 10. - P. 1452-1460.

153. Koning C.J. The effect of a multispecies probiotic on the intestinal microbiota and bowel movements in healthy volunteers taking the antibiotic amoxycillin / C.J. Koning, D.M. Jonkers, E.E. Stobberingh et al. // American Journal of Gastroenterology. - 2008. - N 103 (1). - P. 178-189.

154. Koning C.J.M. Topical aspects of the use of probiotics in the prevention and treatment of antibiotic-associated diarrhea / C.J.M. Koning // Contemporary Gastroenterology. - 2011. - №2 (58). - P. 83-88.

155. Koo H.L. Rifaximin: um antibiótico gastrointestinal seletivo único para doenças entéricas / H.L. Koo, H.L. DuPont // Current Opinion in Gastroenterology. - 2010. - N 26.

- P. 7-25.

156. Lang F.C. Utilização de um probiótico multi-espécies para a prevenção da diarreia associada a antibióticos / F.C. Lang. // Nutracêuticos Alimentos Funcionais. - 2010. - №9 (2). - P. 27-31.

157. Lee Y.K. Terá o microbiota desempenhado um papel fundamental na evolução do sistema imunitário adaptativo? / Y.K. Lee, S.K. Mazmanian // Science 2010; 330: 1768-73.

158. Levitsky A.P. Prebiotics and the problem of dysbiosis / A.P. Levitsky, J.L. Volyanskiy, K.V. Skidan. - Kharkov: EDENA. - 2008. - P. 100.

159. Lineva Z.E. Caraterísticas da disbiose intestinal em doentes com tuberculose pulmonar complicada por patologia concomitante do trato gastrointestinal / Z.E. Lineva, N.A. Gulyaeva, M.V. Romanova // Yakut medical journal. - 2012. - №4. - P. 32-34.

160. Loranskaya I.D. Síndrome do intestino irritável do cólon da microbiota abdominal e parietal / I.D. Loranskaya, M.N. Boldyrev, D.Y. Trofimov, O.A. Lavrenteva // Farmateka. - 2013. - №14. - P. 69-74.

161. Loranskaya I.D. Análise funcional da microbiocenose do trato gastrointestinal / I.D. Loranskaya, O.A. Lavrenteva // Russian Medical Journal. - 2011. - №17. - P. 1057-1061.

162. Luzina E.V. Diarreia associada a antibióticos / E.V. Luzina // The Siberian Medical Journal. - 2009. - №2. - P. 122-124.

163. Lemishevs'kyi V. M. Atividade antagonista de bactérias probióticas e mecanismo de ação sobre a resistência / V. M. Lemishevs'kyi // Mensageiro Científico da Universidade Nacional de Medicina Veterinária e Biotecnologias de Lviv com o nome de S.Z. Gzhytskyj - 2011 - Том 13. - №4 (50). - Часть 1. - P. 223-227.

164. Lilly D.M., Stillwell R.H. Probiotics: growth-promoting factors produced by microorganisms (Probióticos: factores de promoção do crescimento produzidos por microrganismos). Science. 1965; 147:747-748.

165. Lindgren M. Prolonged impact of a one-week course of clindamycin on Enterococcus spp. in human normal microbiota / M. Lindgren, S. Lofmark, C. Edlund et al. // Scandinavian Journal of Infectious Diseases. - 2009. - Vol. 41, N 3. - P. 215-219.

166. Lupaltsov V.I., Lesovoy V.N. Emergency abdominal and retroperitoneal surgery: Um manual de ensino em russo e inglês. - Kharkiv: "Contraste", - 2014 - P. 416.

167. Lyavina V.M. A utilização de probióticos como fator de correção do metabolismo lipídico na doença coronária / V.M. Lnyavina, Y.P. Uspenskii, G.A. Alekhina, A.N. Suvorov // Gestão de tecnologia inovadora saúde humana e longevidade: Mat. I Conferência Internacional Científica e Prática. - São Petersburgo. - 2010. - P. 24-28.

168. Lyamin A.V. Antimicrobial Resistance of Gram-negative Bacteria isolated from Biopsy Samples in Pathient with Ulcerative Colitis / A.V. Lyamin, P.S. Andreev, A.V. Zchestkov, B.N. Zhukov // Clinical Microbiology and Antimicrobial Chemotherapy. - 2010. - №4. - Том 12. - P. 342-346.

169. Maidannyk V.G. Probióticos: Perspectivas de utilização em crianças. / V.G. Maidannyk // Revista Internacional de Pediatria, Obstetrícia e Ginecologia novembro / dezembro. - 2013. - Том 4. - №3. - P. -62-80.

170. Maja Jakesevic. Proteção antioxidante de mirtilo dietético, chokeberry e Lactobacillus plantarum HEAL19 em ratos sujeitos a stress oxidativo intestinal por isquemia-reperfusão / Maja Jakesevic, Kjersti Aaby, Grethe-Iren A Borge, Bengt Jeppsson, Siv Ahrne, Goran Molin et al. // BMC Complementary & Alternative Medicine. - 2011. - 11. - P. 8.

171. Marteau P. Sobrevivência de Lactobacillus acidophilus e Bifidobacterium sp. no intestino delgado após ingestão de leite fermentado. A rational basis for the use of probiotics in man / P. Marteau, P. Pochart, Y. Bouhnik et al. // Gastroenterology Clinical Biology. - 1992. - Vol. 16. - №1. - P. 25-28.

172. Martinez C. O jejuno da síndrome do intestino irritável com predominância de diarreia apresenta alterações moleculares na via de sinalização da junção apertada que estão associadas à patobiologia da mucosa e às manifestações clínicas / C. Martinez, M. Vicario, L. Ramos et al. // American Journal of Gastroenterology. - 2012. - Vol. 107 (5). - P. 736-746.

173. Maydannik V.G. Antibiotic-associated diarrhea associated with Clostridium difficile / V.G. Maydannik // Health Protection of Ukraine. - 2011. - №4. - P. 20-22.

174. Martynov A.I. Síndrome do intestino irritável - mecanismos patogénicos / A.I. Martynov, A.M. Shilov, I.A. Makarova // Médico assistente. - 2010. - № 5. - P. 52-56.

175. Marusyk H.P. Microbiocenose da cavidade do intestino grosso em pacientes com amigdalite lacunar / H.P. Marusyk // Medical Journal of Bukovina. - 2008. - Том 12. - №2. - P. 12-16.

176. Matyashyn I.M. Appendectomy Complications / I.M. Matyashyn, U.V. Baltaytys, A.J. Yaremchuk - K.: Health, 1974. - P. 224.

177. Mechnikov I.I. Natureza do Homem / I.I. Mechnikov. - M .: Sci. word, 1903. - P. 173.

178. Mykhaylovych V.V. Flora microbiana na presença de peritonite apendicular / V.V. Mykhaylovych // Ukrainian Journal of Surgery. - 2009. - №2. - P. 99-100.

179. Mykhaylovych V.V. Apendicite aguda e suas complicações / V.V. Mykhaylovych, O.B. Matviychuk, I.J. Bogucki. - Lviv: "Triada plys", 2011. - P. 154.

180. Mojina T.L. The role and place of probiotics in the contemporary medicine (riview of the Practice Guidelines Probiotics and prebiotics, 2008) / T.L. Mojina // Contemporary Gastroenterology. - 2009. - №1. - P. 513.

181. Mazur O.O. Conteúdo qualitativo e quantitativo da microbiota do intestino grosso de pacientes com diabetes mellitus dependente de insulina / O.O. Mazur, L.I. Sydorchuk, O.G. Plaksyvyi // Уедицина транспорту Украши. - 2013. - №1. - 80-85 с.

182. Meile L. Avaliação da segurança dos microrganismos do sector dos lacticínios: Propionibacterium e Bifidobacterium / L. Meile, G. Le Blay, A. Thierry // International Journal Food Microbiology. - 2008. - Vol. 126. №3.- P. 316-320.

183. Mensah A.Y. Anti-inflammatory and antioxidant activities of the leaves of Wissadula Amplissima var rostrata / A.Y. Mensah, P.O. Donkor, T.C. Fleischer // African Journal of Traditional Complementary Alternative Medicines. - 2011. - 8(2). - P. 185-195.

184. Mercer M. How patients view probiotics: findings from a multicenter study of patients with inflammatory bowel disease and irritable bowel syndrome / M. Mercer, M.A. Brinich, G. Geller. et al. // Journal Clinical Gastroenterology. - 2012. - N 46. - P. 138-144.

185. Mishalov V.G. Eficácia da terapia antibiótica combinada (cefepima e metronidazol) no tratamento de infecções intra-abdominais complicadas / V.G. Mishalov, L.Yu. Markulan, A.A. Burka, S. M. Goyda, S.M. Vamush / Cirurgia da Ucrânia. - 2014. - №2 (50). - P. 52-59.

186. Antibióticos modernos e princípios de terapia antibiótica racional (Parte II) / V.S.Kopcha, M.A.Andreychin, Zh.O.Rebenok. [Etc...] // Doenças infecciosas. - 2012. - № 1. - Suppl. 64 - 75.

187. Molan A.L. Selenium containing green teahas higher antioxidant and prebiotic activities than regular green tea / A.L. Molan, J. Flanagan, W. Wei et al. // Food Chemistry. - 2009. - 114. -P. 829-835.

188. Moayyedi P. The efficacy of probiotics in the treatment of irritable bowel syndrome: Uma revisão sistemática / P. Moayyedi, A.C. Ford, N.J. Talley. et al. // Gut. - 2010. - Vol. 59. - P. 325-332.

189. Nagalingam N.A. Role of the microbiota in inflammatory bowel diseases / N.A. Nagalingam, S.V. Lynch. // Inflamm. Bowel. Dis. - 2012. - N18. - P. 968-984.

190. Tendências nacionais de hospitalização por pneumonia pediátrica e complicações associadas / Lee G.E., Lorch S.A., Sheffler: Collins S. et al. // Pediatrics. - 2010. - Vol. 126. - P. 204-213.

191. Nazarenko O.N. Avaliação da eficácia do probiótico Enterogermina para correção da disbacteriose em crianças / O.N. Nazarenko, K.V. Yurchik, T.A. Bondar, S.E. Zagorsky. // Jornal de notícias médicas. - 2011. - №2. - P. 4345.

192. Nekrasov A.Y. Apendicectomia laparoscópica para o tratamento de apendicite aguda / A.Y. Nekrasov et.al. // Revista de cirurgia endoscópica - 2009. - T. 15, N 1. - P. 64-65.

193. Nekrasov A.Y. Laparoscopia no diagnóstico e tratamento da apendicite aguda / A.Y. Nekrasov // Revista de cirurgia endoscópica. - 2009. - T 15, N 3. - P. 31-34.

194. Nesvizhskii Y.V. O estudo da variabilidade do microbiota intestinal humano na saúde e na doença. / Y.V. Nesvizhskii // Boletim da Academia Russa de Ciências Médicas. - 2003. - № 1. - P. 49-53.

195. Nesvizhskii Y.V. Microbiocenose da mucina parietal do trato gastrointestinal de

ratos com disbiose induzida. / Y.V. Nesvizhskii et al. // Microbiology, Epidemiology, Immunology Journal. - 2007. - № 3. - P. 57-60.

196. Nissle A. Uber die Grundlagen einer e neuen ursachlichen Bekampfung der pathologishen Darmflora. / A. Nissle // Dtsch Med Wschr 1916; Dl. 42: 1181 - 4.

197. Nykonenko A.S. , Децык Д.А., Головко Н.Г., Клименко А.В., Гайдаржи Е.И., Русанов И.В. Experiência de tratamento de apendicite aguda com o método usando laparoscopicamente / A.S. Nykonenko, D.A. Detsyk, N.G. Golovko, A.V. Klimenko, E.I. Haydarzhy, I.V. Rusanov // Jornal de Tecnologia Médica Moderna. - 2011. - № 3-4. - P. 443.

198. Odinets T.M. Papel da translocação bacteriana na patologia / T.M. Odinets, I.Z. Karimov, D.K. Shmoylov, O.A. Odinets, A.O. Dehtyaryova // Jornal de Doenças Infecciosas. - 2011. - № 4. - P. 71-76.

199. Oiunfunmiso O Olajuyigbe. Conteúdo fenólico e propriedades antioxidantes dos extractos da casca de Zizipus mucronata Willd. Subsp. Mucronata Willd / Oiunfunmiso O Olajuyigbe, Anthony J Afolayan. // BMC Complemetary & Alternative Medicine. - 2011. - 11. - P. 130.

200. Ojetti V. Rifaximin pharmacology and clinical implications / V. Ojetti, E.C. Lauritano, F. Barbaro et al // Expert Opinion on Drug Metabolism Toxicology. - 2009. - P. 675-682.

201. Othman M. Alterações na flora microbiana intestinal e doenças humanas / M. Othman, R. Aguero, H.C. Lin // Current Opinion in Gastroenterology. - 2008. - Vol. 24, N 1. - P. 11-16.

202. Ovcharenko L.S., Vertegel A.A., Andrienko T.G., Samokhin I.V. Correção da disbacteriose intestinal mediada por antibioterapia em crianças // Contemporary Gastroenterology. - 2005. - №1 (21). - 100-103 c.

203. Paliy I.G. A candidíase intestinal é o problema tópico da gastroenterologia / I.G. Paliy, S.V. Zaika // Contemporary Gastroenterology. - 2008 . - №4 (42). - P. 44-47.

204. Paliy I.G. Usando enterosorption no tratamento de pacientes com distúrbios da microflora do cólon [diretrizes.] / I.G. Paliy, S.V. Zaika. - K., 2010. - P. 19.

205. Parphenov A.I. Com um século de experiência deu-nos o conhecimento da microflora intestinal simbiótica / A.I. Parphenov, V.M. Bondarenko // Terapevticheskii arkhiv. - 2012. - №2. - P. 5-10.

206. Parkar S.G. The potential influence of fruit polyphenols on colonic microflora and human gut health / S.G. Parkar, D.E. Stevenson, M.A. Skinner. // Jornal Internacional de Microbiologia Alimentar. - 2008. - 124. - P. 295-298.

207. Parkhomenko L.K. Microecologia intestinal e sua correção na infância / L.K. Parkhomenko, E.V. Repeteva // Contemporary Gastroenterology. - 2006. - №3 (29). - 72-75 c.

208. Patel R.M. Biologia do desenvolvimento da interação intestino-probiótico. / R.M. Patel, P.W. Lin. / R.M. Patel, P.W. Lin // Gut microbes. - 2010; 1: 186-95.

209. Peralta S. Small intestine bacterial overgrowth and irritable bowel syndrome related symptoms: experience with Rifaximin / S. Peralta, C. Cottone, T. Doveri et al. // World Journal of Gastroenterology. - 2009. - Vol. 15 - P. 2628-2631.

210. Perederiy V.G. A síndrome do sobrecrescimento bacteriano: do diagnóstico ao tratamento / V.G. Perederiy, V.O. Kozlov, G.K. Syzenko // Contemporary Gastroenterology. - 2011. - №1 (57). - 124-130 c.

211. Perunova N.B. Influência das bifidobactérias na atividade anti-lisozima dos microrganismos e na sua capacidade de formar biofilmes / N.B. Perunova, E.V. Ivanova // Journal of Microbiology Epidemiology and Immunology. - 2009. - №4. - P. 46-49.

212. Polovyi V.P. Composição de espécies e microflora de contorção de processos a nível populacional de pacientes com sépsis abdominal devido a apendicite destrutiva / V.P. Polovyi, R.I. Sydorchuk, A.S. Palyanitsa et al // Patologia clínica e experimental: revista médica científica. - 2011. - Том 10, N 4. - P. 182.

213. Posternak G.I. Disbiose intestinal para pacientes em estado crítico / G.I. Posternak, M.Yu. Tkacheva // Problemas actuais do jornal de medicina de transporte. - 2010. - №2 (20). - P. 113-119.

214. Potapov A.F. Microbial flora and sensitivity to antibiotics in surgical abdominal infection / A.F. Potapov // Anaesthesiology and Reanimatology Journal. - 2004. - №2. -

P. 52-54.

215. Prizentsov A. A. Formas atípicas e complicações da apendicite aguda: um auxiliar de ensino para os alunos dos cursos 5 e 6 da faculdade de medicina, estudando no campo "Medicina" e "Medicina-diagnóstico empresarial" escolas médicas / A.A. Prizentsov, A.G. Skuratov, V. Anjum; sob a direção geral do professor V. Lobankov. - Gomel: GSMU, 2013. - P. 28.

216. Petrof E.O. Terapia de transplante de substituto de fezes para a erradicação da infeção por Clostridium dif ficile: 'RePOOPulando' o intestino / E.O. Petrof, G.B. Gloor, S.J. Vanner. et al. // Microbiome. - 2013. - Vol. 1 (1). - P. 3.

217. Piche T. Alterações da barreira epitelial e da flora intestinal na síndrome do intestino irritável / T. Piche // Gastroenterology Clinical Biology. - 2009. - Vol. 33, suppl. 1. - P.S40-47.

218. Pimentel M. Revisão da rifaximina como tratamento para SIBO e SII / M. Pimentel // Expert Opinion on Drug Metabolism and Toxicology. -2009. - Vol. 18. - P. 349-358.

219. Polyak M.S. Antibioticoterapia. Teoria e prática. / M.S.Polyak // - InformMed. - 2010. - P. 424.

220. Posokhova K.A. Efeitos secundários dos antibióticos de tetraciclina. / K.A.Posohova, O.P.Viktorov // Farmácia Clínica. - 2004. - T. 8, № 2. - Suppl. 6 - 15.

2008. Posternak G.I. Disbiose intestinal para pacientes em estado crítico / Posternak G.I., Tkacheva M.Yu. // Problemas actuais da medicina de transporte. - 2010. - N2 (20). - P. 113-119.

221. Prakash A. Role of fungus microflora in the development of peritonitis / A. Prakash // Indian Journal of Gastroenterology. - 2008. - Vol. 27 (3). - P. 107-109.

222. Pramod Kumar Singh. Sinbiótico (probiótico e extrato de gengibre) com pérolas flutuantes: uma nova opção terapêutica num paradigma experimental de úlcera gástrica / Pramod Kumar Singh, Indu Pal Kaur // Journal of Pharmacy and Pharmacology. - Índia. - 2011. - 64. - P. 207-217.

223. Preidis G.A. Probiotics, enteric and diarrheal diseases, and global health / G.A. Preidis, C. Hill, R.L. Guerrant. et al. // Gastroenterology. - 2011. - N 140. - P. 8-14.

224. Preidis G.A. Targeting the human microbiome with antibiotics, probiotics and prebiotics: gastroenterology enters the metagenomics era. Edição especial: Intestinal microbes in health and disease / G.A. Preidis, J. Versalovic // Gastroenterology. - 2009. - 136. - P. 2015-2031.

225. Probióticos para a prevenção e tratamento da diarreia associada a antibióticos: uma revisão sistemática e meta-análise probióticos para diarreia associada a antibióticos / S. Hempel, S.J. Newberry, A.R. Maher [e.a.] // JAMA. - 2012. - № 307(18). - P. 1959-1969.

226. Probióticos e prebióticos: Recomendações práticas da Organização Mundial de Gastroenterologia. Organização Mundial de Gastroenterologia. 2008, P. 24.

227. Pronin V.A. A patologia do apêndice e a apendicectomia / V.A. Pronin, V.V. Boyko. - Kharkiv. - 2007 - P. 271.

228. Prudkov M.I. Apendicite aguda. Clínica. Diagnóstico. A cirurgia tradicional e minimamente invasiva: Um guia para médicos. / M.I.Prudkov, M.I. Prudkov, S.V. Piskunov, A.I. Nikiforov - Yekaterinburg: Ural University Publishing. - 2001. - P. 44.

229. Prullo Y.V. Disbacteriose: a possibilidade da sua influência no estado morfológico da mucosa do cólon / Y.V. Prullo, Y.A. Gaidar, V.I. Chernyakova - Riga. - 1983. - P. 153-158.

230. Prokhorov E.V. Eficiência da terapia sinbiótica na pneumonia adquirida na comunidade em bebés. / E.V. Prokhorov, V.N. Kobets, I.M. Ostrovskyi // Sovremennaya pediatriya. - 2014. - 8(64). - 70-74 c.

231. Qin J.A. Um catálogo de genes microbianos do intestino humano estabelecido por sequenciação metagenómica / J. Qin, R. Li, J. Raes. et al. // Nature, 2010. - №.4. - P. 59-65.

232. Quigley E.M. Terapias dirigidas ao microbiota intestinal e à inflamação: antibióticos, prebióticos, probióticos, simbióticos, terapias anti-inflamatórias // Gastroenterol. Clin. North Am. - 2011. - Vol. 40. - P. 207 - 222.

233. Quigley E.M. Commensal bacteria: the link between IBS and IBD? // Curr. Opin. Clin. Nutr. Metab. Care. - 2011. - Vol. 14. - P. 497 - 503.

234. Radchenko V.G. Possíveis aplicações de simbióticos em pacientes com doença

hepática crónica / V.G. Radchenko, A.N. Suvorov, S.I. Sitkin et al. - SPb, 2010. - P. 30.

235. Radchenko V.G. Aspectos clínicos do diagnóstico e tratamento da disbiose intestinal em doentes com doença hepática crónica [material didático] / V.G. Radchenko, I.G. Safronenkova, P.V. Seliverstov, S.I. Sitkin. - São Petersburgo,

2008. - P. 28.

236. Radchenko V.G. Os princípios de diagnóstico e tratamento da disbiose intestinal em pacientes com doença hepática crónica / V.G. Radchenko, S.I. Sitkin, P.V. Seliverstov - São Petersburgo, 2010. - P. 36.

237. Radchenko V.G. A eficácia dos probióticos Mukofalk em pacientes com doença hepática crónica e encefalopatia hepática, no contexto da disbiose do cólon / V.G. Radchenko, A.N. Suvorov, S.I. Sitkin - São Petersburgo, 2010. - P. 40.

238. Rath H.C. Different subsets of enteric bacteria induce and perpetuate experimental colitis in rats and mice. / H.C. Rath, M. Schultz, R. Freitag et al. // Infection and Immunity, 2001; 69: 227-2285.

239. Reid G. Microbiologia: Categorizar os probióticos para acelerar a investigação. Nature. 2012. - 485:446.

240. Ringel Y. A lógica e a eficácia clínica dos probióticos na síndrome do intestino irritável / Y. Ringel, T. Ringel-Kulka // Journal of Clinical Gastroenterology. 2011; 45: 145-148.

241. Ringel Y., Quigley E., Lin H. Probióticos e perturbações gastrointestinais // Am. Journal Gastroenterol. - 2012. - N 1. - P. 34-40.

242. Roberts R., Hartman B. Antimicrobial therapy (Guidelines 2008) // Clinical Imunologiya. Alergologia. Infektologiya. - 2008. - № 6-8. - P. 33-50.

243. Rochet V. Survival of Bifidobacterium animalis DN-173010 in the faecal microbiota after administration in lyophilized form or in fermented product - A randomized study in healthy adults / V. Rochet, L. Rigottier-Gois, A. Ledaire et al. // Journal of Molecular Microbiology and Biotechnology. - 2008. - Vol. 14. №1-3. - P. 128-136.

244. Roka R. Recent observations related to the pathogenesis of irritable bowel syndrome

/ R. Roka, K. Gecse, T. Wittmann // European Gastroenterology Hepatology Review. - 2011. - Vol. 7 (1). - P. 26-30.

245. Rostovtsev M.I. A doutrina da perityphlitis / M.I. Rostovtsev - SPb.: Uso popular. - 1902. - P. 581.

247. Rumyantsev V.G. Abordagens terapêuticas da colite ulcerosa generalizada / V.G. Rumyantsev // Attending Physician Journal.-2008.-№6 - P. 10 -1 6.

248. Rowan F.E. Sulphate-reducing bacteria and hydrogen sulphide in the aetiology of ulcerative colitis / F.E. Rowan, N.G. Docherty, J.C. Coffey, P.R. O'Connell // British Journal of Surgery. - 2009; 96: 151-158.

249. Rubin T.A. Fecal microbiome transplantation for recurrent Clostridium difficile infec tion: report on a case series / T.A. Rubin, C. E. Gessert, J. Aas, J.S. Bakken. // Anaerobe. - 2013. - Vol. 19. - P. 22-6.

250. Rybalcyenko O.V. Structure and functions of bacterial biofilms of symbiotic and opportunistic bacteria / O.V. Rybalcyenko, V.M. Bondarenko, O.G. Orlova. // Jornal Médico Verhnevolzhskiy. - 2013. - № 4. - P. 37-42.

251. Richkova T.I. Experiência do Normobakt simbiótico na prevenção e tratamento da diarreia associada a antibióticos em crianças com infeção do trato urinário / T.I. Richkova, O.V. Zaiceva, I.I. Ephremova et al. // Pediatria Journal named after G.N. Speransky. - 2011. - №4. - P. 108-111.

252. Ryabchuk F.N. A sensibilidade do microbiota intestinal a bacteriófagos e probióticos em crianças com doenças digestivas / F.N. Ryabchuk, M.A. Suvorova // Your Doctor Journal. - 2011. - №6. - P. 21-23.

253. Sanders M.E. Safety assessment of probiotics for human use / M.E. Sanders, L.M. Akkermans, D. Haller. // Gut. Microbes. - 2010. - N 1. - P. 164185.

254. Sanders M.E. Como é que sabemos quando é que algo chamado "probiótico" é realmente um probiótico? Um guia para consumidores e profissionais de saúde / M.E. Sanders // Funct. Food Rev. - 2009. - N 1. - P. 3-12.

255. Sanders M.E. Sporeformers as Human Probiotics: Bacillus, Sporolactobacillus, and Brevibacillus / M.E. Sanders, L. Morelli, T.A. Tompkins // Comprehensive Reviews Food

Science and Food Safety. - 2003. - Vol. 2 - P. 101-110.

256. Sasidharan S. Extração, isolamento e caraterização de compostos bioactivos de extractos de plantas / S. Sasidharan, Y. Chen, D. Saravanan et al. // African Journal of Traditional Complementary Alternative Medicines. - 2011. - 8(1). - P. 1-10.

257. Saulnier D.M. Microbiology of the human intestinal tract and approaches for its dietary modulation / D.M. Saulnier, S. Kolida, G.R. Gibson // Current Pharmaceutical Design. - 2009. - Vol. 15. №13. - P. 1403-1414.

258. Sava I.G. Enterococcal surface protein contributes to persistence in the host but is not a target of opsonic and protective antibodies in Enterococcus faecium infection / I.G. Sava, E. Heikens, A. Kropec, C. Theilacker, R. Willems, J. Huebner // J. Med. Microbiol. - 2010. - Vol. 59, Pt 9 - P. 1001 - 1004.

259. Savchenko T.N. Microecologia da disbacteriose vaginal / T.N. Savchenko, V.S. Kramar // International Journal of Applied and Fundamental Research. - 2011. - № 5. - P. 109-110.

260. Saitov M.M. On the role of dysbiosis in the development of surgical infection / M.M. Saitov, V.I. Nikitenko, V.K. Esipov, S.N. Piseckii // Annals of the Russian Academy of Medical Sciences. - 1997. - №3. - P. 17-19.

261. Semkovich Y.V. Experiência clínica da utilização de Enterozherminy na prevenção da diarreia associada a antibióticos em crianças / Y.V. Semkovich, M.Y. Semkovich // Archive of Clinical Medicine Journal. - 2009. №1 (15). - P. 104-105.

262. Shabanova N.A. Effect of Lactobacillus fermentum metabolites on the ultrastructure of pathogenic Escherichia / N.A. Shabanova, V.V. Gosteva, N.V. Klicunova et al. // Gournal of Microbiology Epidemiology and immunobiology. - 2009. - № 2. - P. 3-6.

263. Shevola D. Dmitrieva N.V. Complicações do tratamento com antibióticos: disbiose intestinal e colite pseudomembranosa // Complicações infecciosas pós-operatórias / Editado N.V. Dmitrieva, I.N. Petukhova. M.: Medicina Prática. - 2013. - P. 363-378.

264. Sheptulin A.A. New in studying of irritable bowel syndrome (Sobre os dados dos relatórios da 16ª Semana Europeia Unida de Gastroenterologia; Viena, 2008) / A.A. Sheptulin, S.Yu. Kuchumova // Jornal Russo de Gastroenterologia, Hepatologia,

Coloproctologia. - 2009. - т.19 - №4. - P. 8185.

265. Shidlovskii V.O. Faculdade de cirurgia. / V.O. Shidlovskii, M.P. Zakharash. - Ternopol: Ukrmedknyha. - 2002. - P. 544.

266. Simanenkov V.I. Interesse para o problema postynfektsyonnoho síndrome do intestino razdrazhennoho cresce / V.I. Simanenkov // Gastroenterologia Clínica e Hepatologia. - 2008. - T. 1, № 4. - P. 266-268.

267. Simonyan K.S. Peritonite. - M.: Medicina - 1971. - P. 300.

268. Skrypnyk I.N. Modern spore-creating probiotics in clinical practice / I.N. Skrypnyk, G.S. Maslova // Contemporary Gastroenterology. - 2009. - №3 (47). - P. 81-90.

269. Smiyan O.I. Papel da microflora normal dos intestinos nas reacções de adaptação do organismo das crianças / O.I. Smiyan, O.G. Vasil'eva // The Visnyk of the Sumy State University Journal. - 2009. - T. 1, №2. - P. 145-153.

270. Staseva I.V. Métodos de correção de violações disbióticas da síndrome do intestino irritável / I.V. Staseva // Consilium medicum. Gastroenterologia. - 2010. - № 1. - P. 53-59.

271. Stepanov Y.M. Novos conhecimentos sobre os mecanismos de desenvolvimento da doença do intestino irritável e a realidade da sua correção. / Y.M. Stepanov, I.Y. Budzak // Gastroenterologia Contemporânea. - 2012. - №5 (67). - P. 61-66.

272. Stremoukhov A.A. Disbiose intestinal e medicina: Diagnóstico e tratamento da comorbilidade. / A.A. Stremoukhov, N.V. Kireeva. // SVOP - 2010. - № 8. - P. 20-52.

273. Suvorov A.V. Possibilidades clínicas e preventivas da utilização de probióticos à base de Enterococcus faecium L3 / A.V. Suvorov, G.G. Alekhina // São Petersburgo - Gastro-2010: Artigos 12 dos congressos científicos internacionais eslavo-bálticos. - São Petersburgo, 2010. - P. 85.

274. Sekirov I. Gut Microbiota in Health and Disease / I. Sekirov, S.L. Russell, L.C.M. Antunes, B.B. Finlay // Physiological Reviews, 2010; 90: 859904.

275. Serghini M. Síndrome do intestino irritável pós-infecioso / M. Serghini, S. Karoui, J. Boubaker, A. Filali // La Tunisie Medicale. - 2012. - Vol. 90 (3). - P. 205-213.

276. Sha S. Systematic review: faecal microbiota transplantation therapy for digestive and nondigestive disorders in adults and children / S. Sha, J. Liang, M. Chen. [et al.] // Aliment Pharmacol Ther. - 2014. - Vol. 39 (10). - P. 100332.

277. Sharon K. Kuss. A microbiota intestinal promove a replicação de vírus entéricos e a patogénese sistémica /Sharon K. Kuss, Gavin T. Best, Chris A. Etheredge// NIH Public Access Author Manuscript. - 2011 - Vol. 334(6053). - P. 249-252.

278. Sherman P.M. Unraveling mechanisms of action of probiotics / P.M. Sherman, J.C. Ossa, K. Johnson-Henry. // Nutr. Clin. Pract. - 2009. - N 24. - P. 10-14.

279. Shida K. Probiotics and immunology: separating the wheat from the chaff / K. Shida, M. Nanno // Trends Immunology. - 2008. -Vol. 29, N 11. - P. 565-573.

280. Shmyireva E.S. Terapia multimodal de crianças com peritonite apendicular aplicando ultrassom de baixa frequência / E.S. Shmyireva, V.V. Shapkin, A.N. Shapkina // Pacific Medical Journal, 2012. - N3. - P. 80-82.

281. Shreiner A. The "Microflora Hypothesis" of allergic disease / A. Shreiner, G.B. Huffnagle, M.C. Noverr // Advances in Experimental Medicine and Biology. - 2008. - Vol. 635. - P. 113-134.

282. Silvia Wilson Gratz. Probióticos e saúde intestinal: A special focus on liver diseases / Silvia Wilson Gratz, Hannu Mykkanen, Hani S El-Nezami.// World Journal of Gastroenterology. - 2010. - 16 (4). - P. 403-410.

283. Simren M. Intestinal microbiota in functional bowel disorders: Um relatório da Fundação Roma / M. Simren, G. Barbara, H.J. Flint. et al. // Gut, 2013. - V. 62. - P. 159-176.

284. Skrypnyk I.M. Microbiota intestinal, nutrição e saúde: os principais aspectos do curso de pós-graduação EAGEN (Roma, Itália, 10-11 de julho de 2013) / I.M. Skrypnyk // Contemporary Gastroenterology. - 2013. - №4 (72). - P. 147-154.

285. Smits L.P. Therapeutic potential of fecal microbiota transplantation / Smits L.P., Bouter K.E., de Vos W.M. [et al.] // Gastroenterology. - 2013. - Vol. 145 (5). - P. 946-53.

286. Spiller R. Artigo de revisão: probióticos e prebióticos na síndrome do intestino irritável / R. Spiller // Alimentary Pharmacology and Therapeutics. - 2008. - 28. -P. 385-

396.

287. Spiller R., Garsed K. Síndrome do intestino irritável pós-infecioso // Gastroenterology. - 2009. - Vol. 136. - P. 1979 - 1988.

288. Stearns J.C, Lynch M.D, Senadheera D.B. Bacterial biogeography of the human digestive tract. Sci Rep. 2011. - P. 170.

289. Steyer G.E. Multispezies-Probiotika der dritten Generation fur zeitgemabe Therapien. Congresso de Cirurgia / G.E. Steyer // Universum Innere Medizin. - 2009. - 5. - P. 117.

290. Sulima M.V. Perturbação da composição normal da microflora intestinal nas doenças do aparelho digestivo. / M.V. Sulima, I.P. Soluyanova, L.V. Kruglyakova // Blagoveshchensk. - 2014. - P. 104.

291. Surawicz C.M. Diretrizes para o diagnóstico, tratamento e prevenção de infecções por Clostridium difficile / C.M. Surawicz, L.J. Brandt, D.G. Binion. [et al.] // Am. J. Gastroenterol. - 2013. - Vol. 108 (4). - P. 478-98.

292. Tabbers M.M. Effect of the consumption of a fermented dairy product containing Bifidobacterium lactis DN-173010 on constipation in childhood: a multicenter randomized controlled trial / M.M. Tabbers, A. Chmielewska, M.G. Roseboom et al. // BMC Pediatrics. - 2009. - Vol. 18. №9. - P.22.

293. Tana C. Altered profiles of intestinal microbiota and organic acids may be the origin of symptoms in irritable bowel syndrome / Tana C., Umesaki Y., Imaoka A. [et al.] // Neurogastroenterol. Motil. - 2010. - Vol. 22 (5). - P. 512.

294. Tarasenko N.A. Brevemente sobre prebióticos: história, classificação, recebimento, aplicação / N.A. Tarasenko, E.V. Filippova // Fundamental Basic Research Journal. - 2014. - №6-1. - P. 45-48.

295. Ternuschak T.M. Manifestações extra-intestinais da doença inflamatória intestinal / T.M. Ternuschak, K.I. Chopei, I.V. Chopei // Family Medicine Journal. - 2011. - №4. - P. 137-139.

296. Tolemisova A.M. O efeito protetor da bifidumbacterina forte na violação da microbiota intestinal em pacientes idosos / A.M. Tolemisova // Health and Disease

Journal. - 2012. - №4 (106). - P. 144-147.

297. Tiazhka O.V., Pochinok T.V., Kazakova L.M., Vasiukova M.M., Kincha S.D. As funções comuns da microflora intestinal das crianças e as peculiaridades da administração de probióticos em sua violação / O.V. Tiazhka, T.V. Pochinok, L.M. Kazakova, M.M. Vasiukova, S.D. Kincha // Medicina do transporte ucraniano, revista científica e prática. - 2011. - №3. - P. 91-95.

298. Tkach S.M. Microbiota intestinal e doenças intestinais funcionais / S.M. Tkach, K.S. Puchkov, A.K. Sizenlo, Yu. G. Kuzenko // Gastroenterologia Contemporânea. - 2014. - №1 (75). - P. 118-129.

299. Tkach S.M. O papel dos probióticos na correção das alterações do microbiota intestinal / S.M. Tkach, K.S. Puchkov. // Gastroenterologia Contemporânea. - 2014. - №3 (77). - P. 59-65.

300. Toichuev K.M., Aibashov K.A. Alterações na biocenose intestinal do ângulo ileocecal em crianças com apendicite catarral aguda e seu significado diagnóstico / R.M. Toichuev, K.A. Aibashov // Pediatrics Surgery. - 2014. - №4. - P. 29-32.

301. Tsymmerman Ya.S. "Western Europeanism" e o seu lugar na terminologia médica russa moderna, outros problemas terminológicos controversos / Ya.S. Tsymmerman // Clinical Medicine Journal. - 2000. - №1. - P. 59-63.

302. Tsymmerman Ya.S. Sobre a essência do conceito de "disbiose (disbiose) intestinal" e legalidade do uso do termo / Ya.S. Tsymmerman // Russian Journal of Gastroenterology, Hepatology, Coloproctology. - 2000. - №10 (1). - P. 81-84.

303. Tsymmerman Ya.S. Gastroenterologia Clínica: Capítulos selecionados / Ya.S. Tsymmerman. - M.: Geotar - Media. 2009. - P. 416.

304. Ursova N.I. Antibiotic-associated diarrhea: choosing probiotics according to evidence-based medicine. / N.I.Ursova // Difficult Patient Journal. - 2013. - №2-3. - P. 6-14.

305. Valles Y. Metagenomics and development of the gut microbiota in infants /Y. Valles, M.J. Gosalbes, L.E. de Vries [et al.] // Clin. Microbio 20 models. Nat Rev Microbiol. - 2010. - Vol. 8 (8). - P. 56.

306. Valishev A.V. A formação de biofilmes fecais de estirpes de Enterobacteriaceae, e leveduras do género Candida / A.V. Valishev, I.V. Valisheva, I.V. Heide // Journal of Epidemiology and Microbiology, Immunobiology. - 2009. - № 4. - P. 44-46.

307. Vandenplas Y. Probióticos e distúrbios gastrointestinais funcionais em crianças / Y. Vandenplas, M. Benninga // Journal of Pediatric Gastroenterology and Nutrition. - 2009. - Vol. 48 (suppl. 2). - P. 107-109.

308. Vandenplas Y. Ensaio clínico aleatório: o suplemento alimentar simbiótico Probiotical vs. placebo para a gastroenterite aguda em crianças / Y. Vandenplas, S.G. De Hert // Alimentary Pharmacology and Therapeutics. - 2011. - 10. - P. 1365-2036.

309. Vandenplas Y., De Greef E., Devreker T. et al. Probiotics and Prebiotics in Infants and Children (Probióticos e Prebióticos em Bebés e Crianças). Curr. Infect Dis Rep. 2013; 15(3):251-262.

310. Van Wijck K. Prolonged antibiotic treatment does not prevent intraabdominal abscesses in perforated appendicitis/ K. van Wijck, J.R. de Jong, L.W. van Heurn, D.C. van der Zee // World Journal of Surgery.- 2010.- V.34(12):3049-53.

311. Vdovychenko V.I. O estudo comparativo da microbiocenose do cólon em pacientes com síndrome do intestino irritável e colite ulcerosa não específica / V.I. Vdovychenko, O.P. Kornichuk, O.O. Merencova, J.S. Lozinsky // Contemporary Gastroenterology. - 2010. - №4 (54). - P. 67-70.

312. Vdovychenko V.I. A síndrome do intestino irritável após a infeção aguda anterior e o seu tratamento / V.I. Vdovichenko, O.I. Pasichna // Contemporary Gastroenterology. - 2011. - №5 (61). - P. 108-115.

313. Vdovychenko V.I. A doença inflamatória intestinal (doença de Crohn, colite ulcerosa): prevalência, factores de risco, formas clínicas / V.I. Vdovychenko, Y.V. Nahurna // Contemporary Gastroenterology. - 2012. - №6 (68). - P. 107 -1 11.

314. Veselov A.V. Empirical, preventive and prophylactic therapy of invasive fungal infections: current status / A.V. Veselov // Clinical Microbiology and Antimicrobial Chemotherapy Journal. - 2009. - T.11, № 4. - P. 286-301.

315. Vinderola G. Viabilidade celular e funcionalidade de bactérias probióticas em

produtos lácteos / G. Vinderola, A. Binetti, P. Burns, J. Reinheimer // Frontiers in Microbiology. - Argentina. - 2011. - 10. - P. 3389.

316. Voyda Y.V., Solonina N.L. Microecologia humana e papel das preparações probióticas na terapia de doenças inflamatórias purulentas em obstetrícia e ginecologia. / Y.V. Voyda, N.L. Solonina // Anais do Instituto Mechnikov. - 2012. - N 2. - P. 27-37.

317. Vrieze A. Transfer of intestinal microbiota from lean donors increases insulin sen sitivity in individuals with metabolic syndrome / Vrieze A., Van Nood E., Holleman F. [et al.] // Gastroenterology. - 2012. - Vol. 143 (4). - P. 913-6.

318. Walker W.A. O papel da microflora na função protetora do intestino // W.A. Walker // Pediatria. - 2005. - №1. - P. 85-91.

319. Williams M.D. Probiotics as therapy in gastroenterology: a study of physician opinions and recommendations / M.D. Williams, C.Y. Ha, M.A. Ciorba. // Journal Clin. Gastroenterol. - 2010. - Vol. 44. - P. 631 - 636.

320. Yang Y.X. Efeito de um leite fermentado contendo Bifidobacterium lactis DN-173010 em mulheres chinesas com obstipação / Y.X. Yang, M. He, G. Hu et al. // World Journal of Gastroenterology. - 2008. - Vol. 14. №40. - P. 6237-6243.

321. Yankovsky D.S. Microflora e saúde humana. / D.S. Yankovsky, G.S. Diment. - K.: TOB "VepBona Pyra-Typc", 2008. - P. 552.

322. Yankovsky D.S. Composition and Functions of Microbiocenoses in Varied Human Biotopes / D.S. Yankovsky // Women's Health. - 2003. - №4. - P. 145-155.

323. YatsunenkoT. Microbioma intestinal humano visto através da idade e da geografia / T. Yatsunenko, F.E. Rey, M.J. Manary. et al. // Nature, 2012. - V. 486. - P. 222-227.

324. Yermolenko D.K. Prebióticos contendo lactulose como remédio profilático da disbiose intestinal durante a utilização de antibioterapia prolongada / D.K. Yermolenko, E.I. Yermolenko, V.A. Isakov. // Vestnik da Universidade de São Petersburgo. - 2008. - ВМН. 4. - P. 109-118.

325. Young V.B. Overview of the gastrointestinal microbiota / V.B. Young, T.M. Schmidt. // Adv. Exp. Med. Biol. - 2008. - N 635. - P. 29 - 40.

326. Zaichenko O.E. Prebióticos, probióticos e simbióticos na prevenção da osteoporose / O.E. Zaichenko // Revista terapêutica ucraniana, publicação científica e prática. - 2014. - №1. - P. 85-94.

327. Zaharenko S.M. Modern approaches to the prevention of antibiotic- associated depression of the microflora of the gastrointestinal tract / S.M. Zaharenko // Therapist, Medical Journal. - 2010. - №11. - P. 68-73.

328. Zaikov S.V. Violações do microbiota intestinal: será que precisamos sempre de probióticos? / S.V. Zaikov // Farmacoterapia racional. - 2008. - №2. - P. 2427.

329. Zhdanov S.N. Tratamento complexo da obstrução aguda do intestino delgado com aplicação de terapia enteral precoce / S.N. Zhdanov, I.A. Danilenko // Ukrainian Journal of Surgery. - 2009. - №2. - P. 63-64.

330. Zoetendal E.G. High-throughput diversity and functionality analysis of the gastrointestinal tract microbiota / E.G. Zoetendal, M. Rajilic-Stojanovic, W.M. de Vos // Journal of Gastroenterology and Hepatology. - 2008. - Vol. 57, N 11. - P. 1605-1615.

331. Zubkov M.N. Modern Taxonomy and Classification of Anaerobic Bacteria / M.N. Zubkov // Clinical Microbiology and Antimicrobial Chemotherapy. - 2005. - №7. - Том. 7. - 312-322 c.

332. Zvyagintseva T.D. Correção dos distúrbios intestinais motores e de evacuação na síndrome do intestino irritável com obstipação / T.D. Zvyagintseva, A.I. Chernoby // Gastroenterologia Contemporânea. - 2010. - №3 (53). - 87-94 c.

333. Zvyagintseva T.D. O problema da obstipação na sociedade contemporânea. / T.D. Zvyagintseva, S.V. Gridneva // Contemporary Gastroenterology. - 2008. - №2 (40). - P. 40-43.

334. Zvyagintseva T.D. A correção de distúrbios disbióticos na síndrome do intestino irritável / T.D. Zvyagintseva, I.M. Plutenko // Contemporary Gastroenterology. - 2008. - №4 (42). - P. 72-75.

335. Zvyagintseva T.D. Síndrome do intestino irritável, disbiose / T.D. Zvyagintseva, S.V. Gridneva // Notícias de Medicina e Farmácia. - 2009. - №17 (291). - P. 37-39.

Milton Keynes UK
Ingram Content Group UK Ltd.
UKHW030143051224
452010UK00001B/199

9 786208 323059